高等职业教育汽车类专业新型活页工作手册式系列教材

系列教材主编：戚文革　邹玉清

二手车鉴定与评估

王　鑫◎编著

中国铁道出版社有限公司
CHINA RAILWAY PUBLISHING HOUSE CO., LTD.

内 容 简 介

本书为贯彻国务院印发“职教20条”文件精神，落实“新型活页式、工作手册式”职业教育教材的要求而编写。它是依据学生中心、能力本位、成果导向等理论，充分考虑“1+X”证书要求，融专业教育、课程思政、创新教育于一体，充分体现职业教育是“学习如何工作的教育”的本质要求，面向学生学习，校企双元合作开发的新型活页式、工作手册式能力本位教材。

全书共六个项目，包括评估准备、判别碰撞事故车、鉴别车辆动态技术状况、检测车辆主要技术性能、评估价值及撰写鉴定评估报告。

书中配备视频、动画等电子资源二维码，并配套开发了教学工作页和助教课件等教学资源。

本书适合作为高等职业院校和其他职业学校汽车类专业学生教材，也可作为有关人员的岗位培训教材。

图书在版编目（CIP）数据

二手车鉴定与评估 / 王鑫编著 . —北京：中国铁道出版社有限公司 , 2022. 1
高等职业教育汽车类专业新型活页工作手册式系列教材
ISBN 978-7-113-28536-4

Ⅰ. ①二… Ⅱ. ①王… Ⅲ. ①汽车-鉴定-高等职业教育-教材 ②汽车-价格评估-高等职业教育-教材 Ⅳ. ① U472. 9 ② F766

中国版本图书馆 CIP 数据核字(2021)第227460号

书　　名：二手车鉴定与评估
　　　　　ERSHOUCHE JIANDING YU PINGGU
作　　者：王　鑫

策　　划：尹　鹏　何红艳　　　　编辑部电话：（010）63560043
责任编辑：何红艳
封面设计：刘　颖
责任校对：焦桂荣
责任印制：樊启鹏

出版发行：中国铁道出版社有限公司（100054，北京市西城区右安门西街8号）
网　　址：http://www.tdpress.com/51eds/
印　　刷：北京联兴盛业印刷股份有限公司
版　　次：2022年1月第1版　2022年1月第1次印刷
开　　本：787 mm×1 092 mm 1/16　印张：11.5　字数：296千
书　　号：ISBN 978-7-113-28536-4
定　　价：52.00元

序

自从2019年国务院发布的《国家职业教育改革实施方案》提出“倡导使用新型活页式、工作手册式教材”之后，教材建设就成为职业教育改革的热词，2020年国家教材建设奖的设立极大地提升了教材的地位，更是将教材建设推到了职业教育改革的浪尖潮头。

教材里有什么？

这是必须明确的一件事。

是不是知识本位教材里有知识而能力本位教材里有能力呢？答案是明确的，无论知识本位教材还是能力本位教材，教材里只有知识而没有其他任何东西。

区别何在？

知识本位教材是将学科知识从命题概念出发，在空间上按照演绎逻辑进行组织、呈现的。

能力本位教材是将工作知识从具体事物出发，在时间上按照归纳逻辑进行组织、呈现的。

知识本位教材的功能是培养学生演绎推理能力，目的是发现更多知识，探索未知领域。

能力本位教材的功能是培养学生归纳推理能力，目的是处理具体事务，解决现实问题。

这是一个大概的区分，但这是一个直指本源的区分，这一内在逻辑的区别决定了职业教育与普通教育教材类型的基因差异。

职业教育教材应该“长什么样，内容如何呈现，具备什么功能”，是由职业教育类型属性决定的，职业教育就是“学习如何工作的教育”，那么教材就应该呈现“工作原貌”，只有将“工作原貌”呈现出来，才能够实现学习“如何工作”的目的。抓住了这一根本性的问题，就能将职业教育教材与普通教育教材彻底区别开来。

怎样呈现“工作原貌”呢？

任何一项工作都是由六个要素构成的，即工作对象、工作内容、工作手段、工作组织、工作产品和工作环境。

工作六要素所对应的知识，即工作对象知识、工作内容知识、工作手段知识、工作组织知识、工作产品知识和工作环境知识。

对于一项工作，如果将工作六要素知识寻找并罗列出来，合辑成册，是不是可以看做是职业教育的教材呢？

按照教材里只有“知识”和职业教育就是“学习如何工作的教育”这两条标准判断，显然这一合辑成册的书无疑就是职业教育的教材。

继续深入分析，工作六要素知识两种有价值的排列方式，一种是并列排列，将六要素知识平铺在纸上就可以了，这是工作六要素知识的静态呈现——这种排列方式并不鲜见，如常见的机械设计手册等。

如果将工作六要素里的工作内容知识按照其在工作中出现的时间顺序排列就会发现，这构成了一项具体工作的职业行动体系，其他五个工作要素知识构成了支撑这个职业行动得以进行下去的职业知识，按照这一逻辑，我们发现工作六要素知识可以如图 1 排列，这样排列的好处就是将工作要素知识的内在联系通过职业行动建立起来了，使工作六要素动态呈现出来，不仅能够更好地表达了“工作原貌”，更是表达了“工作逻辑”，使学习者更易理解“工作本身”以及实现学习“如何工作”这一目的。

职业行动 = 工作内容知识序化	职业知识 = 其余工作五要素知识
1	工作对象知识 工作手段知识 工作组织知识 工作产品知识 工作环境知识
2	
⋮	
n	

图 1　工作六要素知识时序逻辑

仅此还是不够的，职业教育教材不仅要呈现工作要素知识，表达“工作逻辑”，还要服务于学生学习这一根本要求，因此，职业教育教材必须按照认知规律和职业成长规律选取和呈现工作要素知识。

认知规律通常表述为从“从低级到高级，从简单到复杂”，什么是“简单和复杂”“低级和高级”呢？布鲁姆的教育目标分类是我们可以依据的一个科学原理。

本耐、德莱福斯、劳耐尔对职业能力成长规律的研究成果得到了普遍的认同，从初学者 / 新手—生手—熟手—能手—专家 / 高手的职业能力成长的过程中，使我们得以窥见职业教育与普通教育互为起点与终点的正好相反的学习过程。

综上所述，工作要素知识以静态或者动态方式按照认知规律、职业成长规律排列，构成职业教育教材的知识种类与排列的基本的序化逻辑。

本系列教材是以工作要素知识的动态形式，按照认知规律和职业成长规律选取工作内容来组织、呈现工作原貌的。

教材以活页装订、留白处理、多元目录索引、职业行动与职业知识左右对应排版、知识表格化处理，全书用色块区分不同内容等手段，表达重点清晰醒目，并配以二维码视频动画资源，极大地方便了检索查阅，充分体现自主学习功能和手册性质。

同时，以标语彰显、主题镶嵌和星火相融三种方式将创新教育以及课程思政融于专业教育始终，使教材具备了“专业、创新、思政”三育融合的内容与功能。

采用镶嵌、替换方式将“1+X”融入相关内容之中，满足职业技能等级鉴考评定需求。每一个学习项目设置一个迁移性学习考核项目，满足了学分银行学习成果认证需要。

吉林电子信息职业技术学院在汽车专业群、机械专业群、冶金专业群系统开展的提高育人有效性的教学改革中，从 2016 年开始尝试“活页式、工作手册式”教材编写与教学实践，取得了良好效果。

是为序。

戚文革

2021 年 8 月 20 日

高等职业教育汽车类专业新型活页工作手册式系列教材

编审委员会

主　任： 弋国鹏（中国汽车工程学会汽车应用与服务分会）

戚文革（吉林电子信息职业技术学院）

副主任： 王爱国（安徽机电职业技术学院）

邹玉清（吉林电子信息职业技术学院）

委　员：（按姓氏笔画排序）

于鸿飞（大连燕德宝汽车销售有限公司）

王　征（交通运输部职业技能考评专家委员会）

尤文亮（哈尔滨美通中信汽车销售有限责任公司）

任　玲（长春汽车工业高等专科学校）

许建华（吉林省汽车维修行业协会首席）

李　彤（吉林省教育学院）

李红梅（吉林市神华大众汽车服务有限责任公司）

宋海成（吉林市英之捷汽车服务有限公司）

张福荣（唐山工业职业技术学院）

曾　虎（江西机电职业技术学院车辆工程学院）

马世民（沈阳尊荣路捷汽车销售服务有限公司）

王　磊（吉林市磊 π 汽车修理行）

孔春花（吉林交通职业技术学院）

全晓龙（吉林省长白山技能名师）

孙志刚（吉林铁道职业技术学院）

李　晶（吉林省汽车维修行业协会）

李宏星（长春市瑞孚汽车销售服务有限公司）

张李铁（吉林工业职业技术学院）

曹向红（天津交通职业学院）

缑庆伟（北京交通运输职业学院）

作者简介

王鑫，讲师，技师，现主要从事二手车鉴定与评估方向，现为汽车技术服务与营销（二手车鉴定与评估方向）专业负责人。2019 年获得第五届“立信杯”全国职业院校汽车专业教师能力大赛汽车营销二等奖，指导学生获得吉林省高职院校技能大赛二等奖 2 次，三等奖 2 次。作为主持人在研 2020 年吉林省职业教育与成人教育改革研究课题“专业与创新教育融合的‘二手车鉴定与评估’课程微组织教学工作页研究与实践”，作为主持人在研 2020 年汽车维修协会课题“专创融合的二手车鉴定与评估课程活页式教材开发与实践”。

前言

职业教育教材建设进入了新时代。2019年，国务院发布的《国家职业教育改革实施方案》（简称“职教20条”）开篇就明确了职教与普教的类型区别，更是第一次以国家文件的高度对教材形式提出了具体要求。“职教20条”第九条“……建设一大批校企‘双元’合作开发的国家规划教材，倡导使用新型活页式、工作手册式教材并配套开发信息化资源。”这背后的逻辑是什么？职业教育教材建设必须思考：新型活页式、工作手册式教材的内涵是什么？职业教育教材如何体现“新型”“活页式”“工作手册式”三个关键要素？“新型活页式、工作手册式”教材须具备什么样的功能？

本书着重把握新型活页式、工作手册式教材的深刻内涵和承载的功能，遵循能力本位、学生中心、成果导向等职业教育基本规律，将专业教育、创新教育、课程思政以及“1+X”融为一体，教材功能指向职业能力培养，充分体现职业教育类型特征。

职业教育是“学习如何工作的教育”。因此，本书将完整展现职业行动的工作原貌作为第一原则，将工作内容序化为职业活动，构成职业行动体系，辅以支撑职业行动的职业知识。为了清晰表达工作原貌，在具体版面设计上，横版排版，一页纸分为左右对称两部分，左侧为职业行动，右侧为支撑职业行动得以开展的职业知识。

具体表现：页面左侧为序化的职业行动——作业准备—拆卸—检修—安装，形成职业行动体系，作为教材结构逻辑；页面右侧为支撑职业行动的技术标准、规范、要求、原则、方法、原理等理论知识、技术理论知识、技术实践知识以及经验性知识，其中以技术实践知识为主，并进行表格化处理以方便查阅，体现手册式特征。

全书共六个项目，包括评估准备、判别碰撞事故车、鉴别车辆动态技术状况、检测车辆技术性能、评估价值及撰写评估报告。

书中配备视频、动画等电子资源二维码，并配套开发了教学工作页和助教课件等教学资源。

每个项目包含四部分内容：第一部分是项目概述，包括项目描述、项目要求、学习目标和学习载体；第二部分是项目实施，包括职业行动、职业知识和任务测评；第三部分是学习考评，包括考评项目、实施准备、验证方法与标准和考评报告；第四部分是课程思政，包括页脚标语、拓展阅读。

本书编写紧紧围绕新型活页式、工作手册式教材本质特征，具备如下特点：

1. 体现能力本位功能，突出职业能力培养

将项目或任务的工作内容序化为完整的工作过程，建立工作六要素（对象、内容、手段、组织、产品、环境）之间的内在联系，展示工作原貌，在完成职业活动过程中不断积淀职业

能力。

2. 体现学生中心思想，以方便学生学习为第一原则

活页装订方便学生增添新知识、新技能以及学习心得，页面留白处理方便学生学习记录，多元目录索引方便学生学习查阅，职业知识表格化处理简洁明了，充分体现手册功能特征。

3. 体现成果导向教育思想，满足学分银行认证要求

“职教20条”第八条指出要“加快推进职业教育国家‘学分银行’建设，从2019年开始，探索建立职业教育个人学习账号，实现学习成果可追溯、可查询、可转换”。学习成果认定是学分银行实施的基础，为此，本书每一个项目最后，都设计了一个学习成果认定考核方案，供师生参考选择。

4. 适应“1+X”证书制度，内容选取参考职业技能等级标准

在“1”的基础上，针对职业要求进行拓展和补充，将汽车职业技能等级标准有关内容及要求有机融入教材中，实现课证融通。

5. 体现“专业＋思政＋创新”时代要求，实现三育融合

本书每个项目的页脚采用蕴含思政元素和创新元素的标语式语句，寓教于警示励志语言——标语彰显式。本书选定多个鉴定案例作为创新和思政主题，按此主题选取编辑六个拓展阅读，每个项目一个案例故事，寓教于故事之中——主题镶嵌式。每个任务拓展训练中紧密结合任务内容通过思维导图将思政元素和创新元素融入其中，寓教于水乳交融之中——星火相融式，实现了在专业教育中突出“人的底色”与创新素质的培养目标。

6. 辅以信息化数字资源，教材内容立体呈现

本书配套开发设计了教学工作页、教学课件、任务工单、习题作业及视频动画等数字资源，方便师生学习查阅。

7. 图文并茂，职业知识表格化处理，突出“手册式”功能

本书编写时选用了大量图例，文字力求简练、通俗，内容简明扼要，职业知识表格化处理，表达直接、易懂，便于快速查阅。

8. 新增新技术、新工艺、新规范，增强教材时效性

本书在选用学习载体和学习内容时，充分融入我国自主品牌——红旗牌车型。红旗品牌代表着现阶段我国自主品牌汽车的保有量不断壮大，技术不断提升，我国自主品牌汽车正逐步成为我国汽车产业的中流砥柱，增强教材的时效性。

9. 校企双元合作开发，充分融入职业要素

本书共六个项目，由吉林电子信息职业技术学院王鑫编著。鞍山尊荣富沃沃尔沃汽车店面技术主管王春宇为本书编写提供了岗位任务的汇总以及行业发展的技术支持等。

本书由蔡东岭和李宏星审稿。参加审稿的各位老师对全书进行了认真细致的审阅，并提出了宝贵的意见和建议，在此表示衷心的感谢！

由于编著者水平所限，书中难免有疏漏之出，恳请广大读者批评指正。

编著者

2021年8月

目　录

视频 / 动画目录

项目一　评估准备

一、项目描述

完成 2018 款红旗 H5 智联享动车型二手车辆鉴定评估前的准备。

二、项目要求

符合国家二手车技术鉴定评估规范，完成 2018 款红旗 H5 智联享动车型鉴定评估操作前准备。

（1）洽谈业务；

（2）核查证件和税费；

（3）签订二手车鉴定评估委托书；

（4）拟定鉴定评估作业方案。

三、学习目标

（1）准确地说出二手车鉴定评估业务洽谈内容；

（2）准确地描述二手车相关证件、税费凭证核查方法；

（3）准确地说出二手车鉴定评估委托书填写内容及车辆评估作业方案拟定内容；

（4）规范地询问客户及车辆信息并填写客户信息登记表及二手车辆信息登记表；

（5）准确核查二手车相关证件和税费；

（6）规范地与客户签订二手车鉴定评估委托书，并根据客户需求正确地拟定车辆评估作业方案；

（7）养成自觉遵守岗位职责和要求规定、规范行为、安全、环保、“5S”作业、团结协作的好习惯；

（8）养成踏实、细心的职业精神。

四、学习载体

早晨天气晴好，吉林市吉检机动车鉴定评估机构前台接待李响刚打开大门，车主张先生就将 2018 款红旗 H5 停到了停车场，进店咨询车辆鉴定评估事宜，张先生告知李响自己购买的是一辆二手车，现在想要对车辆进行鉴定，李响向张先生推荐了鉴定评估师杨帆，杨帆将张先生引入洽谈区，张先生提出想要对车辆进行鉴定评估。

学习笔记

任务一　洽 谈 业 务

职业行动

流程一：工作准备

1. 工作地点

二手车鉴定评估洽谈区。

2. 工作设施

计算机、洽谈桌、座椅。

3. 工作用品

二手车辆信息登记表、文件夹、写字板、签字笔、领带丝巾，见表 1-1-1。

表 1-1-1　工作用品

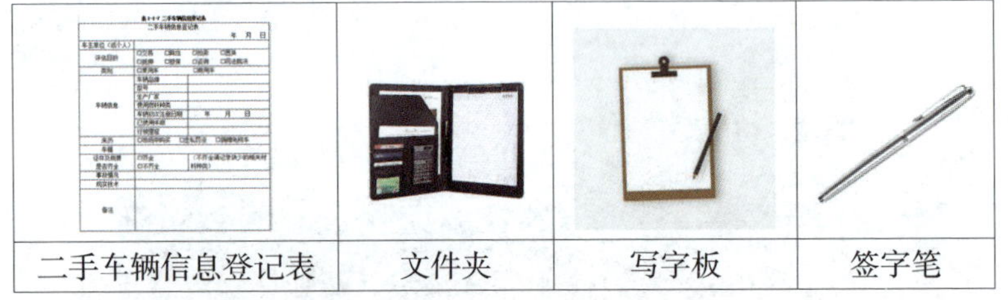

二手车辆信息登记表	文件夹	写字板	签字笔

流程二：登记客户信息

1. 询问客户信息及基本车辆信息

杨帆：请问您的爱车是什么品牌？

张先生：红旗 H5。

杨帆：具体是哪款车型？

张先生：2018 款智联享动版。

职业知识

工作用品及功能

用　　品	功　　能
计算机	录入客户及车辆信息
客户信息登记表	记录客户信息
二手车辆信息登记表	记录车辆信息
计算器	计算鉴定评估费用

业务洽谈原则

内　　容	原　　则
接待客户	• 语言清晰、完整、快速、确切地表达意见和意思
洽谈	• 陈述意见时，语速平稳，中速进行； • 对自己的话语表达加强控制，不能出现音调、音量失控的情况； • 主要了解车主的基本情况、车辆情况、委托评估的意向，时间要求等
仪态	• 体态端正； • 手势要与说话的语速、语调、音量密切配合，不能出现脱节的情况
视线	• 接触对方脸部的时间应占全部谈话时间的 30% ~ 60%
着装	• 合体、合时，装饰要适当，化妆应自然
电话交谈	• 认真做好记录，使用礼貌词语
涉及国有资产	• 国有资产占有单位要求申请立项的二手车鉴定评估业务，应由委托方提供国有资产管理部门关于评估立项申请的批复文件，经核实后，方能接受委托和签署委托合同

实干兴邦，空谈误国。

杨帆：张先生，方便留一下联系方式吗？

张先生：方便，电话 130××××××××。

杨帆：微信是同号吧。

张先生：是的。

2. 记录信息

记录信息，见表 1-1-2。

表 1-1-2　客户信息登记表

客户信息登记表 年 月 日					
客户姓名	张 × ×	联系电话	130××××××××	QQ/ 微信	同电话号
品牌	红旗	车型	H5	年款	2018 智联享动
备注：					

流程三：登记二手车车辆信息

登记二手车辆信息，具体如下：

（1）询问车主姓名并在表格中记录；

（2）询问车主要求评估的目并在表格中记录；

（3）询问二手车类别并在表格中记录；

（4）询问二手车车辆信息并在表格中记录；

（5）询问二手车来历并在表格中记录；

（6）询问使用性质并在表格中记录；

（7）询问证件税费情况并在表格中记录；

（8）询问事故情况并在表格中记录；

（9）询问现时技术状况并在表格中记录；

（10）在计算机中录入二手车辆信息，见表 1-1-3。

记录信息要求

- 及时；
- 全面；
- 清晰；
- 备注：记录客户其他信息

评估目的

释义	• 评估所服务的经济行为的具体类型
评估目的	• 交易； • 典当； • 拍卖； • 置换； • 抵押； • 担保； • 咨询； • 司法裁决

二手车信息登记表填写方法

类别	• 乘用车； • 商用车
车辆信息	• 询问车主并参照实车填写； • 车辆品牌； • 型号； • 生产厂家； • 使用燃料种类； • 车辆初次注册日期； • 已使用年限； • 行驶里程

学习笔记

学习笔记

表 1-1-3　二手车辆信息登记表示例

<table>
<tr><td colspan="3">二手车辆信息登记表
20××年　月　日</td></tr>
<tr><td>车主单位（或个人）</td><td colspan="2">张××</td></tr>
<tr><td>评估目的</td><td colspan="2">☑交易　□典当　□拍卖　□置换
□抵押　□担保　□咨询　□司法裁决</td></tr>
<tr><td>类别</td><td colspan="2">☑乘用车　□商用车</td></tr>
<tr><td rowspan="7">车辆信息</td><td>车辆品牌</td><td>红旗</td></tr>
<tr><td>型号</td><td>H5 智联享动版</td></tr>
<tr><td>生产厂家</td><td>一汽红旗</td></tr>
<tr><td>使用燃料种类</td><td>☑汽油　□柴油　□天然气
□混合动力　□纯电</td></tr>
<tr><td>车辆购买日期</td><td>2018 年　6 月　15 日</td></tr>
<tr><td>已使用年限</td><td>3 年</td></tr>
<tr><td>行驶里程</td><td>35 000 km</td></tr>
<tr><td>来历</td><td colspan="2">☑市场中购买　□走私罚没　□捐赠免税车</td></tr>
<tr><td>车籍</td><td colspan="2">吉林</td></tr>
<tr><td>使用性质</td><td colspan="2">☑非营运　□营运　□其他</td></tr>
<tr><td rowspan="2">证件及税费是否齐全</td><td colspan="2">☑机动车来历证明　☑机动车行驶证
☑机动车登记证书　☑机动车号牌
☑机动车检验合格标志　☑车辆购置税完税证明
☑车船使用税　☑机动车强制保险单</td></tr>
<tr><td colspan="2">（不齐全请记录缺少的相关材料原因）</td></tr>
<tr><td>事故情况</td><td colspan="2">更换左前翼子板</td></tr>
<tr><td>现实技术</td><td colspan="2">较好</td></tr>
<tr><td>备注</td><td colspan="2"></td></tr>
</table>

（续）

来历	• 选择车辆来历
车籍	• 车辆牌照发放地
使用性质	• 其他：公务用车、专业运输车
证件税费	• 机动车来历证明； • 机动车行驶证； • 机动车登记证书； • 机动车号牌； • 机动车检验合格标志； • 车辆购置税完税证明； • 车船使用税； • 机动车强制保险单； • 是否年检
事故情况	• 有无发生过事故，如果有，应明确事故的位置并记录，记录更换的主要部件和总成情况
现时技术	• 发动机异响； • 排烟； • 动力； • 行驶

实干兴邦，空谈误国。

学习笔记

任务测评

一、知识测评

确定本任务关键词,按重要程度进行关键词排序并举例解读。

根据自己对重要信息捕捉、排序、表达、创新和划分权重能力进行自评，见表 1-1-4，满分 100 分。

表 1-1-4　业务洽谈知识测评表

序号	关键词	举例解读	评分自定
1			
2			
3			
4			
5			
总分			

二、能力测评

对表 1-1-5 所列内容，操作规范即得分，操作错误或未操作即零分。

表 1-1-5　业务洽谈能力测评表

序号	能力点	配分	得分
1	能按客户接待流程接待进店客户	20	
2	能够正确记录客户信息	20	
3	在业务洽谈中记录完整车辆信息	30	
4	能正确与客户交谈，语气适中	20	
5	能正确遵守礼仪礼节	10	
总分		100	

三、素养测评

对表 1-1-6 所列素养点，做到即得分，未做到即零分。

表 1-1-6　业务洽谈素养测评表

序号	素养点	配分	得分
1	安全作业，无安全隐患	20	
2	保护环境，无乱扔乱倒	20	
3	行为规范，无不当行为	20	
4	团队协作，无不洽关系	20	
5	场地“5S”	20	
总分		100	

四、拓展训练

（1）请列举出与客户进行业务洽谈时，需要了解的内容。（满分 25 分）

（2）被评估车辆基本情况的了解内容中，有一项为证件和税费，请根据之前课程内容，思考需要哪些证件和税费。（满分 25 分）

（3）请按下列思维导图格式（见图 1-1-1），对评估准备的学习收获进行总结，说一说学习中，哪个内容对你触动最大，你认为评估最需要什么职业态度，将你的理解归纳成一个词语，填写到思维导图的空格中，并做说明。（满分 50 分）

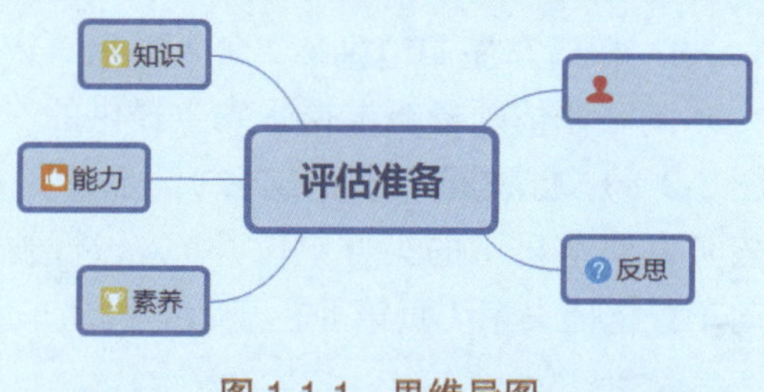

图 1-1-1　思维导图

学习笔记

任务二　核查证件和税费

职业行动

流程一：工作准备

1. 工作地点

二手车鉴定评估洽谈区。

2. 工作设施

鉴定评估车辆、计算机、洽谈桌、座椅。

3. 工作用品

机动车证件税费、文件夹、写字板、签字笔、领带丝巾，见表 1-2-1。

表 1-2-1　工作用品

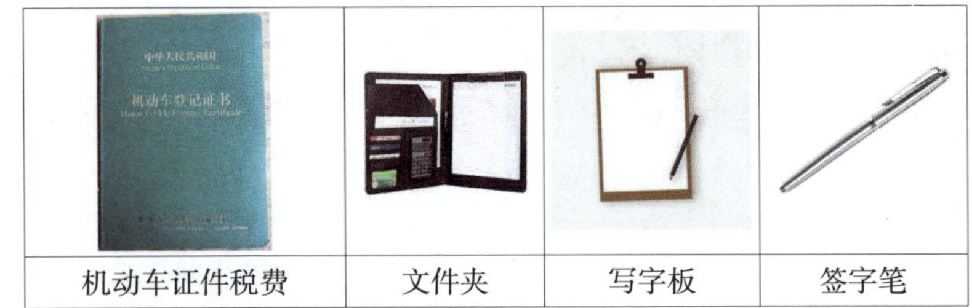

机动车证件税费	文件夹	写字板	签字笔

流程二：核查机动车来历证明

1. 核查车主单位名称 / 个人姓名一致性

鉴定评估师杨帆根据张先生提供的二手车销售统一发票（见图 1-2-1）、行驶证（见图 1-2-2）、机动车登记证书（见图 1-2-3），核实发票上显示的买方单位 / 个人、行驶证上显示的所有人、机动车登记证书第 1 页第 Ⅱ 栏显示的机动车所有人这三项一致。

职业知识

机动车证件及功能

机动车证件	• 机动车来历证明； • 机动车行驶证； • 机动车登记证书； • 机动车号牌； • 机动车检验合格标志； • 车辆购置税完税证明； • 车船使用税； • 机动车强制保险单
功能	• 汽车属于特殊商品； • 价值包含汽车实体本身的有形价值和各项手续构成的价值； • 二手车证件及税费是否齐全，关系到被评估车辆的身份是否合法； • 手续齐全，才能办理正常的过户、转籍

机动车来历证明

机动车来历证明名称	标准及要求
新车来历证明（机动车销售统一发票）	• 经国家工商行政管理机关验证（加盖工商验证章）的机动车销售发票； • 在国外购买的机动车，凭证为该车销售单位开具的销售发票及其翻译样本
二手车来历证明（二手车销售统一发票）	• 国家工商行政管理机关验证（加盖工商验证章）的二手车交易发票

1-1

核查证件和税费

踏实做事，诚信做人。

学习笔记

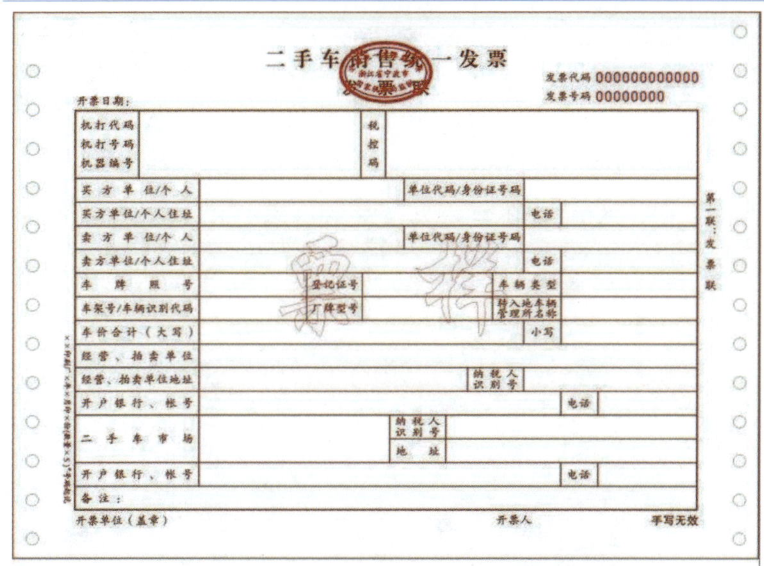

二手车销售统一发票

发票代码 000000000000
发票号码 00000000

开票日期：

机打代码 机打号码 机器编号		税控码			
买方单位/个人		单位代码/身份证号码			
买方单位/个人住址				电话	
卖方单位/个人		单位代码/身份证号码			
卖方单位/个人住址				电话	
车牌照号		登记证号		车辆类型	
车架号/车辆识别代码		厂牌型号		转入地车辆管理所名称	
车价合计（大写）				小写	
经营、拍卖单位					
经营、拍卖单位地址			纳税人识别号		
开户银行、帐号				电话	
二手车市场		纳税人识别号			
		地址			
开户银行、帐号				电话	
备注：					

开票单位（盖章）　　开票人　　手写无效

第一联：发票联

图 1-2-1　二手车销售统一发票

图 1-2-2　机动车行驶证正页　　图 1-2-3　机动车登记证书第 1 页

（续）

人民法院调解、裁定或者判决转移的机动车的来历证明	• 人民法院出具的已经生效的《调解书》《裁定书》《判决书》，以及相应的《协助执行通知书》
仲裁机构仲裁裁决转移的机动车的来历证明	• 《仲裁裁决书》
继承、赠与、中奖和协议抵偿债务的机动车的来历证明	• 继承、赠与、中奖和协议抵偿债务的相关文书和公正机关出具的《公证书》
资产重组或者资产整体买卖中包含的机动车的来历证明	• 资产主管部门的批准文件
国家机关统一采购并调拨到下属单位未注册登记的机动车来历证明	• 全国统一的机动车销售发票和该部门出具的调拨证明
国家机关已注册登记并调拨到下属单位的机动车的来历证明	• 该部门出具的调拨证明
经公安机关破案返还的被盗抢且已向原机动车所有人理赔完毕的机动车来历凭证	• 保险公司出具的《权益转让证明书》
更换发动机、车身、车架的来历凭证	• 销售单位开具的发票或者修理单位开具的发票

机动车销售统一发票核查方法

- 核对发票上买方名称及身份证号码 / 组织代码与机动车行驶证是否一致；
- 核对发票上车辆类型与机动车行驶证、实车是否一致；
- 核对发票上厂牌型号与机动车行驶证、实车是否一致；
- 核对发票上产地、合格证号是否与实车一致；
- 核对发票上发动机号、车辆识别代码 / 车辆大架号与实车铭牌是否一致；
- 核对发票上销售单位名称与发票专用章单位名称是否一致；

学习笔记

2. 核查买方单位代码 / 身份证号码一致性

杨帆核对发票上显示的买方单位代码 / 身份证号码与机动车登记证书上显示的第 1 页第 Ⅱ 栏上的机动车所有人 / 身份证明号码这两项一致。

3. 核查买方单位 / 个人住址一致性

核对发票上显示的买方单位 / 个人住址与行驶证上显示的住址这两项一致。

4. 核查卖方单位名称 / 个人一致性

核对发票上显示的卖方单位 / 个人与机动车证书显示的第 1 页第 Ⅰ 栏机动车所有人 / 身份证明这两项一致。

5. 核查卖方单位代码 / 身份证号码一致性

核对卖方单位代码 / 身份证号码与机动车登记证书第 1 页第 Ⅰ 栏机动车所有人号码 / 身份证号码一致。

6. 核查车牌照号、车辆类型、车架号 / 车辆识别代码、厂牌型号一致性

核对发票上显示的车牌照号、车辆类型、车架号 / 车辆识别代码、厂牌型号应与机动车行驶证第 2 页上显示的号码号牌、车辆类型、车辆识别代码、名牌型号这四项一致。

7. 核查登记证号一致性

核对发票上显示的登记证号与机动车登记证书第 1 页上显示的登记证书编号这两项一致。

8. 核查转入地车辆管理所名称一致性

核对发票上转入地车辆管理所名称与实车车籍、行驶证正页上显示的印章所在地这两项一致。

9. 核查二手车市场名称一致性

核对发票上二手车市场名称与发票专用章信息这两项一致。

（续）

- 核对发票开具日期与初次登记日期差距是否较大；
- 核对发票价格与实车年款价格是否差距较大；
- 核对是否具备工商部门验证章

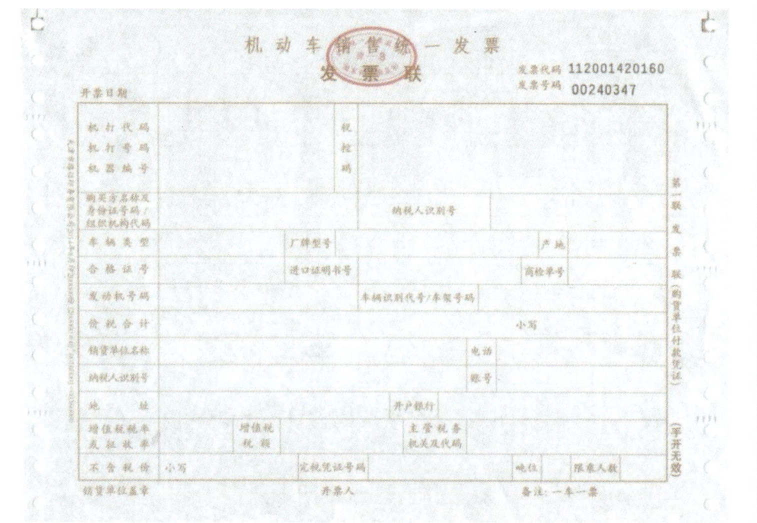
机动车销售统一发票
发票联
发票代码 112001420160
发票号码 00240347
开票日期

机打代码 机打号码 机器编号		税控码				
购买方名称及身份证号码/组织机构代码		纳税人识别号				
车辆类型		厂牌型号		产地		
合格证号		进口证明书号		商检单号		
发动机号码		车辆识别代号/车架号码				
价税合计		小写				
销货单位名称		电话				
纳税人识别号		账号				
地址		开户银行				
增值税税率或征收率		增值税税额		主管税务机关及代码		
不含税价	小写	完税凭证号码		吨位		限乘人数

销货单位盖章　开票人　备注：一车一票

第一联 发票联（购货单位付款凭证）（手开无效）

机动车来历证明核查标准

- 销售发票要清楚显示购车人姓名、身份证号、车辆类型和型号、合格证号、发动机号、车架号、购车单价、销售单位公章、工商行政管理部门的公章；
- 二手车发票则要清楚显示买卖双方的姓名、住址、身份证号、车牌号、车辆类型、车架号、品牌、登记证号，以及交易价格，要有过户票据出票单位及公章、工商行政管理部门的公章；
- 原始发票信息应与机动车行驶证、机动车登记证书及实车信息一致；
- 以上核对信息有一项不一致，不符合，终止鉴定

踏实做事，诚信做人。

流程三：核查机动车行驶证

1. 核查实车照片一致性

杨帆翻开机动车行驶证，核对行驶证显示车辆照片与实车一致。

2. 核查机动车行驶证正页

（1）核对行驶证上显示的号牌号码与实车悬挂的前后号牌这两项一致，见图 1-2-2。

（2）核对行驶证上显示的车辆类型与实车类型这两项一致。

（3）核对行驶证上显示的车辆所有人与车主身份证上显示姓名这两项一致。

（4）核对行驶证上显示的使用性质与实车使用性质、机动车登记证书第 2 页上显示的使用性质这三项一致。

（5）核对行驶证上显示的名牌型号与实车发动机舱内粘贴铭牌上显示的品牌这两项一致，见图 1-2-4。

（6）核对行驶证上显示的发动机号与实车发动机上打刻的号码一致这两项。

（7）核对行驶证上显示的车辆识别代码与实车铭牌上显示的车辆识别代号一这两项致，并且无改动、凿痕、挫痕、重新打刻。

（8）核对行驶证上显示的注册日期与机动车登记证书第 1 页第 I 栏显示的登记日期这两项一致。

（9）核对行驶证上显示的发证日期与机动车登记证书第 1 页第 II 栏上显示的登记日期这两项一致。

3. 核查机动车行驶证副页

（1）核对行驶证上显示的号码号牌与实车悬挂的前后号牌这两项一致，见图 1-2-5。

机动车行驶证核查	
释义	• 机动车行驶证是由公安车辆管理机关依法对车辆进行注册登记核发的证件，它是机动车取得合法行驶权的凭证
方法	• 查看识伪标记； • 查看车辆彩照与实车应相符； • 将行驶证上的印刷字体、字号、纸质、印刷质量应与车辆管理机关核发行驶证式样一致
标准	• 以上核对内容有一项不一致，不符合，终止鉴定

机动车登记证书释义及作用	
释义	• 根据 2001 年 10 月 1 日起实施的《中华人民共和国机动车登记办法》，在我国境内道路上行驶的新购买的机动车，须按规定到机动车登记机构办理登记，核发机动车号牌、机动车行驶证和机动车登记证书
作用	• 机动车的“户口本”； • 机动车全部的详细信息记载在上面； • 机动车所有人全部资料记载在上面； • 机动车所有人申请办理机动车各项登记业务时，均应出具本证书； • 登记信息发生变动时，机动车所有人应出示本证到车辆管理所办理相关手续； • 机动车所有权转移时，原机动车所有人应将本证书随车交给现机动车所有人； • 机动车登记证书可以作为有效资产证明，到银行办理抵押贷款
标准	• 核对内容有一项不一致，则应终止鉴定； • 车辆未解封，终止鉴定

学习笔记

图 1-2-4　实车铭牌

图 1-2-5　机动车行驶证副页

（2）核对行驶证上显示的核定人数、总质量、外部尺寸与实车参数这三项一致。

（3）核对行驶证上显示的检验记录到期期限与检验合格标志期限这两项一致。

（4）核对行驶证上检验记录日期，检验有效期未过期，能够过户。

流程四：核查机动车登记证书

1. 核查机动车登记证书第 1 页

（1）该车辆是张先生购买的二手车辆，曾过户一次，杨帆开始核对第Ⅱ栏上显示的机动车所有人 / 身份证明名称 / 号码与行驶证上显示的所有人这两项一致，见图 1-2-2。

（2）核对机动车登记证书上显示的登记机关与行驶证正页上显示的印章发证部门这两项一致。

（3）核对机动车登记证书上显示的登记日期与行驶证上显示的发证日期这两项一致。

2. 核查机动车登记证书第 2 页

（1）核对机动车登记证书上显示的车辆类型、车辆品牌、车辆型号、车身颜色、车辆识别代码 / 车架号、发动机号与行驶证

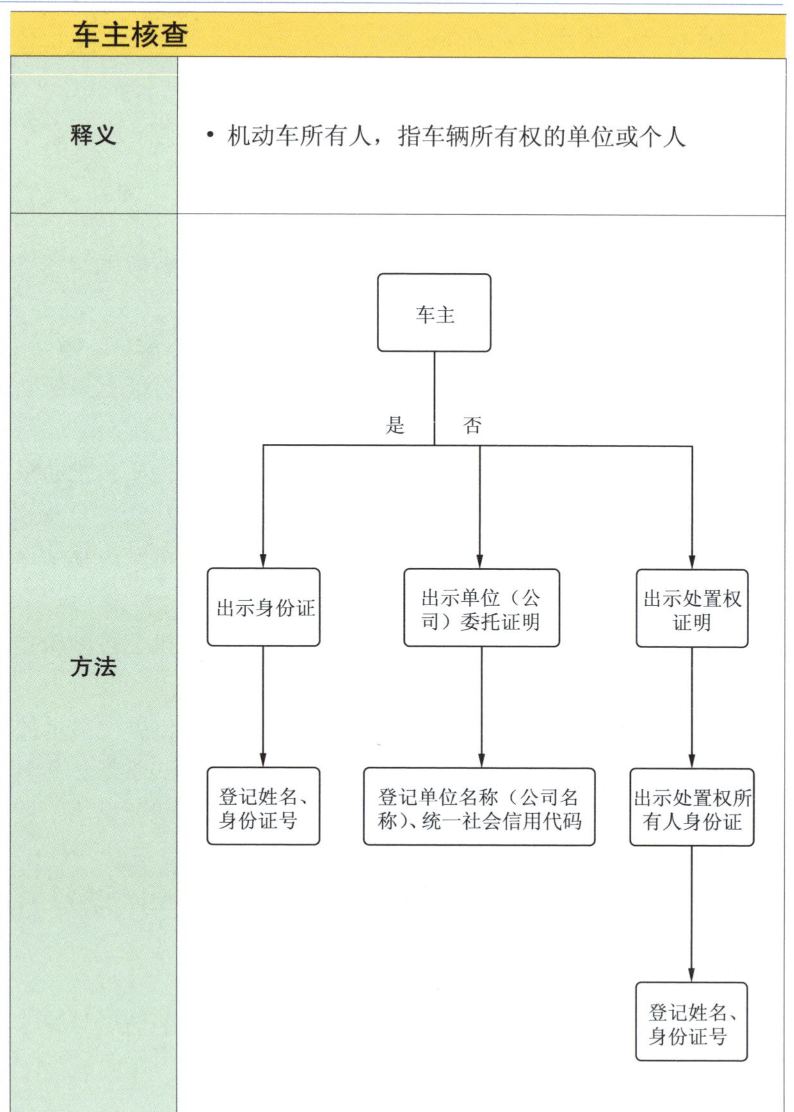

车主核查	
释义	• 机动车所有人，指车辆所有权的单位或个人
方法	

踏实做事，诚信做人。

学习笔记

上显示的车辆类型、名牌型号、车辆识别代号、发动机号这四项一致，见图 1-2-6。

（2）核对机动车登记证书上国产 / 进口、发动机型号、燃料种类、排量 / 功率、制造厂名称、转向形式、轮胎数、轮胎规格、钢板弹簧数、轴距、轴数、外廓尺寸、总质量、核定载质量、核定载客、车辆获得方式、车辆出厂日期与实车参数一致。

3. 核查机动车登记证书第 3 页

张先生表示车辆曾经抵押过，现已经解封，杨帆核对登记栏内第 1 栏，登记该车曾抵押，并且已经注明“解除抵押”，见图 1-2-7。

图 1-2-6　机动车登记证书第 2 页

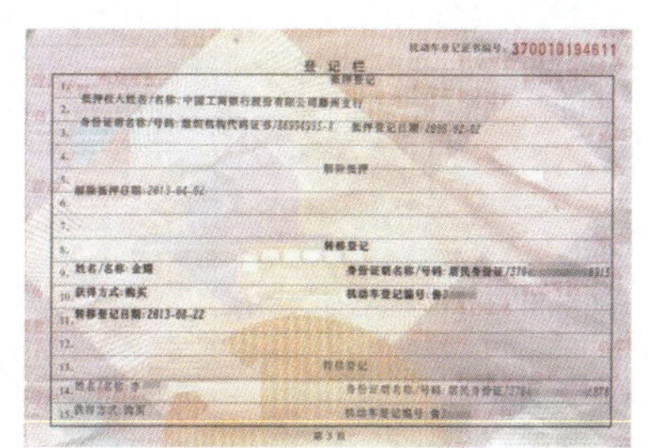

图 1-2-7　机动车登记证书第 3 页

流程五：核查机动车号牌

1. 核查识伪标志

杨帆走到车前与车后查看实车号牌有识伪标志。

2. 核查号牌底漆颜色

查看实车号牌底漆颜色与车辆类型一致。

3. 核查反光材料

查看实车白字体涂以反光材料。

4. 核查车牌规格尺寸

查看实车号牌是按规格、尺寸冲压边框。

机动车号牌分类

分类	外廓尺寸（mm × mm）	颜色	数量	适用范围
小型汽车号牌	440 × 140	蓝底白字白框	2	中型以下载客、载货汽车和专项作业车
		渐变绿色底黑子		小型新能源汽车
使馆汽车号牌		黑底白字，红“使”“领”字白框线		驻华使馆汽车
领馆汽车号牌				驻华领事馆汽车
教练汽车号牌		黄底黑字，黑“学”字黑框线		教练用汽车
警用汽车号牌		白底黑字，红“警”字黑框线		汽车类警车

京A·F0236

省、自治区、直辖市简称　发牌机关代号　间隔符　序号

学习笔记

5. 核查字体

查看实车号牌字体不存在模糊不清。

流程六：核查机动车检验合格标志

1. 查看机动车检验合格标志

（1）杨帆走到车辆右前侧，没有看到前风挡上的机动车检验合格标志。

（2）询问张先生后，得知今年车辆使用的是机动车检验合格标志电子凭证。

（3）杨帆指导张先生在微信中“交警 123”公众号，查找机动车检验合格标志电子凭证。

2. 核查机动车检验合格标志电子凭证

（1）张先生在手机上找到电子版机动车检验合格标志，杨帆进行核查。

（2）杨帆核查电子凭证上显示的检验有效期未过期，见图 1-2-8。

（3）核查电子凭证上显示的号牌号码与实车前后号牌这两项一致。

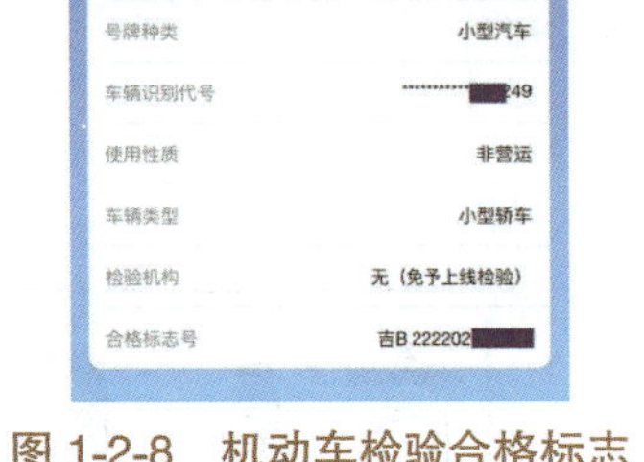

图 1-2-8　机动车检验合格标志

（4）核查电子凭证上显示的号牌种类与实车一致。

（5）核查电子凭证上显示的车辆识别代码与实车发动机舱铭牌上显示的车辆识别代号这两项一致。

（6）核查电子凭证上显示的使用性质与机动车登记证书上显示的使用性质这两项一致。

（7）核查电子凭证上显示的车辆类型与机动车登记证书上的车辆类型一致。

机动车号牌核查标准

- 号牌应有识伪标志；
- 白底色或白字体应涂以反光材料；
- 边框应为按规格尺寸冲压；
- 字体清晰

机动车检验合格标志核查

方法

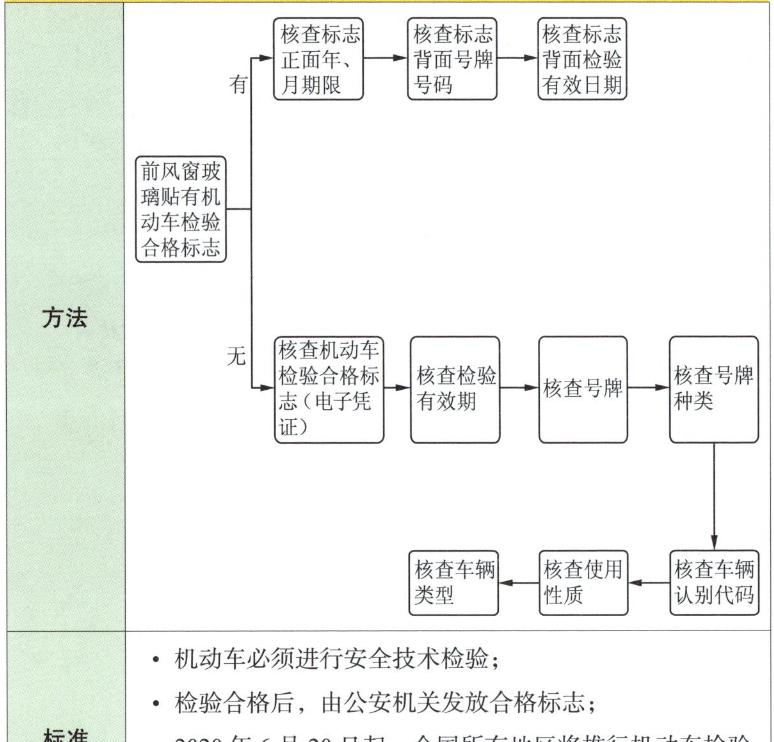

标准

- 机动车必须进行安全技术检验；
- 检验合格后，由公安机关发放合格标志；
- 2020 年 6 月 20 日起，全国所有地区将推行机动车检验合格标志电子化，届时纸质标志可以不用粘贴；
- 核对内容有一项不一致，终止鉴定

踏实做事，诚信做人。

流程七：核查车辆购置税完税证明

1. 核查纳税人名称一致性

杨帆核对车辆购置税完税证明（正本）上显示的纳税人名称与机动车登记证书上显示的所有人这两项一致，见图 1-2-9。

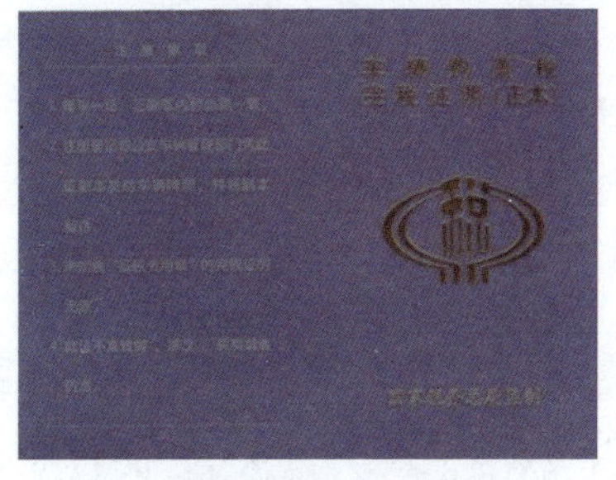

（a）车辆购置税完税证明封面

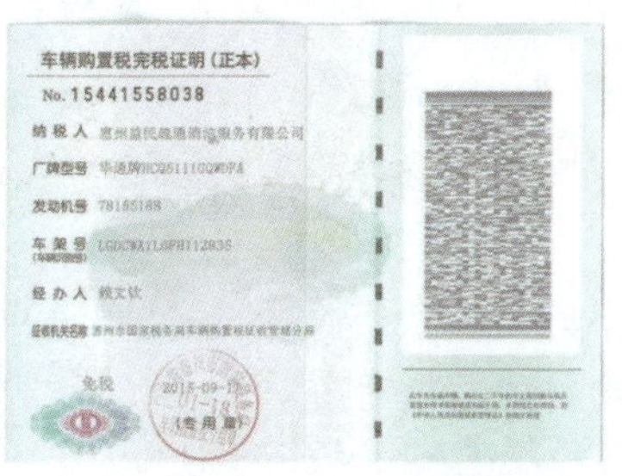

（b）车辆购置税完税证明正本

图 1-2-9　车辆购置税完税证明

2. 核查厂牌型号一致性

核对车辆购置税完税证明上显示的厂牌型号与实车车辆品牌型号这两项一致。

3. 核查发动机号一致性

核对车辆购置税完税证明上显示的发动机号与机动车行驶证上显示的发动机号这两项一致。

4. 核查车架号一致性

核对车辆购置税完税证明上显示的车架号与实车车架号这两项一致。

5. 核查征收机关名称一致性

核对车辆购置税完税证明上显示的征收机关名称与下方专用章省市这两项一致。

车辆检验合格标志（纸质）

正面	背面
	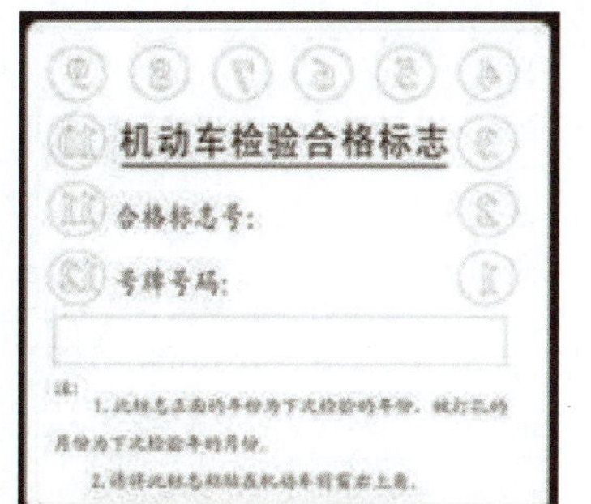

车辆购置税计算方法

车辆类型	车辆购置税计算方法
国产私车	计税价格 = 发票价 ÷1.13
进口私车	计税价格 = 关税完税价格 + 关税 + 消费税
纳税人自产、受赠、获奖或者以其他方式取得并自用的车辆	主管税务机关参照《中华人民共和国车辆购置税暂行条例》第七条规定的最低计税价格核定

车辆购置税核查标准

核对车辆购置税（正本）信息应与实车、行驶证、机动车登记证书信息有一项不一致，终止鉴定

学习笔记

学习笔记

流程八：核查车船使用税

杨帆查看强制保险单，核查车船使用税已经缴纳，见图 1-2-10。

机动车交通事故责任强制保险单（电子保单）

EEDZAA

投保验证码回填时间：

收费确认时间：2020-07-16 22:33　　POS交易参考号：

投保确认时间：2020-07-16 22:33　　豫：41

生成保单时间：2020-07-16 22:33　　保险单号：PDZA202

被保险人	钢结构工程有限公司		
被保险人身份证号码（组织机构代码）	统一社会信用代码：9141		
地址	河南省郑州市新郑市	联系电话	135

被保险机动车					
号牌号码	豫A8	机动车种类	客车	使用性质	非营业企业客车
发动机号码	A6	识别代码（车架号）	LFV3		
厂牌型号	奥迪FV7201BBDDG轿车	核定载客	5人	核定载质量	0.000千克
排量	1.9840L	功率	0KW	登记日期	2019-08-02

责任限额			
死亡伤残赔偿限额	110000元	无责任死亡伤残赔偿限额	11000元
医疗费用赔偿限额	10000元	无责任医疗费用赔偿限额	1000元
财产损失赔偿限额	2000元	无责任财产损失赔偿限额	100元

与道路交通安全违法行为和道路交通事故相联系的浮动比率　0.00 %

保险费合计（人民币大写）：玖佰元整　（¥：900.00元）其中救助基金（2.00%）¥：16.98元

保险期间自　2020年07月31日0时起至2021年07月30日24时止

保险合同争议解决方式　诉讼

代收车船税					
整备质量	1,800.00	纳税人识别号	597609221		
当年应缴	¥：420.00元	往年补缴	¥：0.00元	滞纳金	¥：0.00元
合计（人民币大写）：肆佰贰拾元整					（¥：420.00元）
完税凭证号（减免税证明号）		开具税务机关			

特别约定：

1. 保险期间内，如发生本保险合同约定的保险事故造成被保险车辆损失或第三者财产损失，保险人可采取实物赔付或现金赔付方式进行保险赔付。选择采取实物赔付方式的，由保险人和被保险人在事故车辆修理前签订《实物赔付确认书》。

特别提示：除法律法规另有约定外，投保人拥有保险合同解除权，涉及（减）退保保费的，退还给投保人。

本保单投保人为：钢结构工程有限公司

重要提示：

1. 请详细阅读保险条款，特别是责任免除和投保人、被保险人义务。
2. 收到本保险单后，请立即核对，如有不符或疏漏，请及时通知保险人并办理变更或补充手续。
3. 保险费应一次性交清，请您及时核对保险单和发票（收据），如有不符，请及时与保险人联系。
4. 投保人应如实告知对保险费计算有影响的或被保险机动车因改装、加装、改变使用性质等导致危险程度增加的重要事项，并及时通知保险人办理批改手续。
5. 被保险人应当在交通事故发生后及时通知保险人。

投保确认码：02PICC410020001594910038596912

保险人：

公司名称：中国人民财产保险股份有限公司郑州市分公司直属业务二部

公司地址：郑州市西太康路121号

邮政编码：450000　服务电话：95518　签单日期：2020-07-16

承保业务专用章

核保：自动核保　制单：　经办：

图 1-2-10　机动车强制保险单

车辆购置税的免税、减税范围

车辆购置税的免税、减税范围	• 外国驻华使馆、领事馆和国际组织驻华机构及其外交人员自用的车辆免税； • 中国人民解放军和中国人民武装警察部队列入军队武器装备定货计划的车辆免税； • 设有固定装置的非运输车辆免税； • 有国务院规定予以免税或者减税的其他情形的，按照规定免税或者减税

车辆购置税核查方法

核查方法	• 核查纳税人名称与行驶证、机动车登记证书是否一致； • 核查厂牌型号与实车、行驶证、机动登记证书是否一致； • 核查发动机号与实车、行驶证、机动登记证书是否一致； • 核查车架号与实车、行驶证、机动登记证书是否一致； • 核查征收机关名称与下方专用章省市是否一致
标准	• 车辆购置税（正本）信息应与实车、行驶证、机动车登记证书信息一致

车船使用税税额表

缴纳方法	• 2007 年 7 月 1 日起，车船使用税在投保交强险时缴纳
排量	税额
1.0 L 以下	60~360 元
1.0 L 以上至 1.6 L（含）	300~540 元
1.6 L 以上至 2.0 L（含）	360~660 元
2.0 L 以上至 2.5 L（含）	660~1200 元
2.5 L 以上至 3.0 L（含）	1 200~2 400 元
3.0 L 以上至 4.0 L（含）	2 400~3 600 元
4.0 L 以上	3 600~5 400 元

踏实做事，诚信做人。

流程九：核查机动车保险标志

1. 核查机动车强制保险标志正面

核对强制保险标志正面上显示的年份及抠除月份与强制保险标志背面上显示的保险期间、强制保险单上显示的保险期限一致。

2. 核查机动车强制保险标志背面

（1）核对强制保险标志背面上显示的保险单号与强制保险单上显示的单号这两项一致。

（2）核对强制保险标志背面上显示的号牌号码与实车前后号牌这两项一致。

（3）核对强制保险标志背面上显示的承保公司专用章公司名称与强制保险单上显示的承保公司名称这两项一致。

流程十：核查机动车强制保险单

1. 核查强制保险单被保险人一致性

核对强制保险单上显示的被投保人与机动车登记证书上显示的第Ⅱ栏机动车所有人 / 身份证明名称这两项一致。

2. 核查强制保险单被保险人身份证号码（组织机构代码）一致性

核对被保险人身份证号码与机动车登记证书上显示的第Ⅱ栏机动车所有人 / 身份证明名称 / 号码这两项一致。

3. 核查强制保险单被保险机动车

（1）核对被保险人机动车一栏上显示的机动车种类、使用性质、核定载客与机动车登记证书上显示的车辆类型、使用性质、核定载客一致。

（2）核对强制保险单上显示的发动机号码、车辆识别代码（车架号）、厂牌型号、排量与实车一致。

（3）核对强制保险单上的承保业务专用章与承保公司名称一致。

机动车强制保险标志及强制保险单核查标准

- 强制保险标志正面有效期限与强制保险标志背面保险期间、强制保险单保险期间应一致；
- 强制保险标准背面信息、强制保险单信息应与实车、机动车行驶证及机动车登记证书一致；
- 强制保险标准背面、强制保险单官印应与承保公司名称一致；
- 官印应清晰，不模糊；
- 核对内容有一项不一致或者检查内容不清晰，终止鉴定

机动车强制保险标志

正面 	背面 

学习笔记

学习笔记

任务测评

一、知识测评

确定本任务关键词，按重要程度进行关键词排序并举例解读。

根据自己对重要信息捕捉、排序、表达、创新和划分权重能力进行自评，见表 1-2-2，满分 100 分。

表 1-2-2 核查证件和税费知识测评表

序号	关键词	举例解读	评分自定
1			
2			
3			
4			
5			
总分			

二、能力测评

对表 1-2-3 所列内容，操作规范即得分，操作错误或未操作即零分。

表 1-2-3 核查证件和税费能力测评表

序号	能力点	配分	得分
1	能够列举所需检查的证件和税费	10	
2	能正确核对车辆配置、证件及税费	10	
3	确认车辆合法性	20	
4	能够核对车辆信息	10	
5	能够核查证件和税费	50	
总分		100	

三、素养测评

对表 1-2-4 所列素养点，做到即得分，未做到即零分。

表 1-2-4 核查证件和税费素养测评表

序号	素养点	配分	得分
1	安全作业，无安全隐患	20	
2	保护环境，无乱扔乱倒	20	
3	行为规范，无不当行为	20	
4	团队协作，无不洽关系	20	
5	场地“5S”	20	
总分		100	

四、拓展训练

（1）请列举出二手车鉴定评估前，需要核查的证件及税费。（满分 25 分）

（2）核查行驶证时，检查哪些内容能够判断行驶证的真伪。（满分 25 分）

（3）请按下列思维导图格式（见图 1-2-11），对核查证件和税费的学习收获进行总结，你认为在核查证件和税费的过程中需要什么职业品质，将你认为排序第一的品质归纳为一个词，填写到思维导图的空格中，并做说明。（满分 50 分）

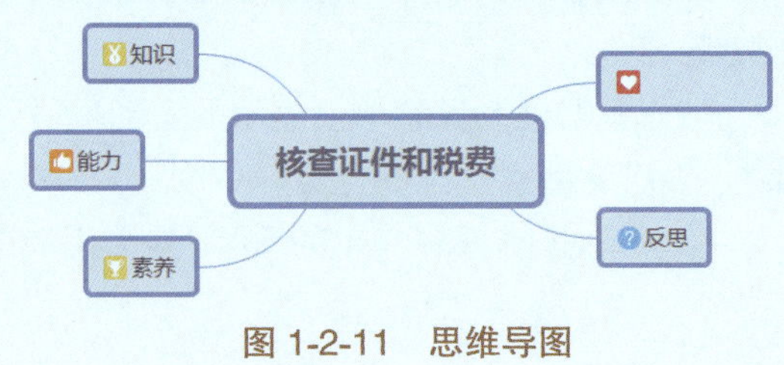

图 1-2-11 思维导图

踏实做事，诚信做人。

任务三　签订二手车鉴定评估委托书

职业行动

流程一：工作准备

1. 工作地点

二手车鉴定评估洽谈区。

2. 工作设施

鉴定评估车辆、洽谈桌、座椅。

3. 工作用品

机动车证件、文件夹、写字板、签字笔、领带丝巾，见表 1-3-1。

表 1-3-1　工作用品

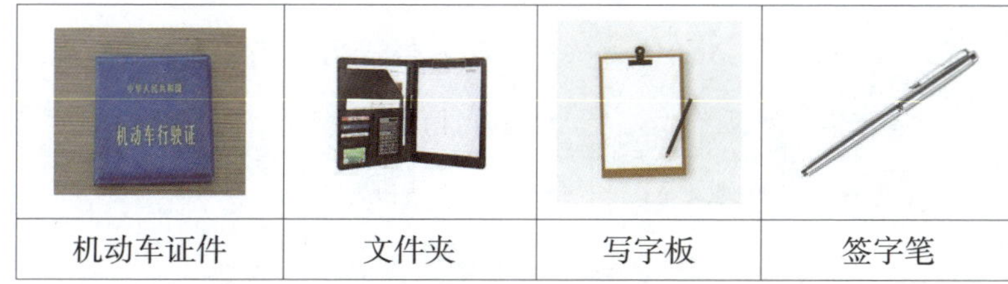

机动车证件	文件夹	写字板	签字笔

流程二：签订二手车鉴定评估委托书

（1）杨帆依据鉴定机构的二手车鉴定评估机构核准证书，以及核查合格的证件税费，规范地填写二手车鉴定评估委托书基本内容，见图 1-3-1、图 1-3-2 、图 1-3-3。

（2）杨帆依据核查后证件税费，填写委托评估车辆信息表，见图 1-3-3、图 1-3-4。

职业知识

机动车证件及功能

机动车证件	• 机动车来历证明； • 机动车行驶证； • 机动车登记证书； • 机动车号牌； • 机动车检验合格标志； • 车辆购置税完税证明； • 车船使用税； • 机动车保险单
功能	• 依据机动车证件和税费原件信息填写二手车鉴定评估委托书内容

文件夹物品及功能

文件夹物品	功能
二手车鉴定评估机构核准证书	填写二手车鉴定评估委托书二手车鉴定评估机构信息
客户信息登记表	填写客户及车辆基本信息
二手车鉴定委托书	与客户签订鉴定评估委托书
计算器	计算鉴定评估费用

二手车鉴定评估委托书释义及填写方法

释义	• 二手车鉴定评估委托书又称为二手车鉴定评估委托合同，是指二手车鉴定评估机构与法人、其他组织或自然人相互之间为实现二手车鉴定评估的目的，明确相互权利义务关系所订立的协议

学习笔记

二手车鉴定评估委托书（示范文本）

委托书编号：202103156789012

委托方名称（姓名）：张.. 法人代码证（身份证）号：22..........

鉴定评估机构名称：吉林机动车鉴定评估有限公司 法人代码证：123456789012

委托方地址：吉林省.......... 鉴定评估机构地址：吉林省龙潭区××××

联系人：张.. 电话：135........

因□交易□典当□拍卖□置换□抵押□担保□咨询□司法裁决需要，委托人与受托人达成委托关系，号牌号码为吉BTZ...，车辆类型为小型轿车，车架号（VIN码）为LFPH4CP××××××的车辆进行技术状况鉴定并出具评估报告书，2021年5月1日前完成。

图 1-3-1　二手车鉴定评估委托书示例一

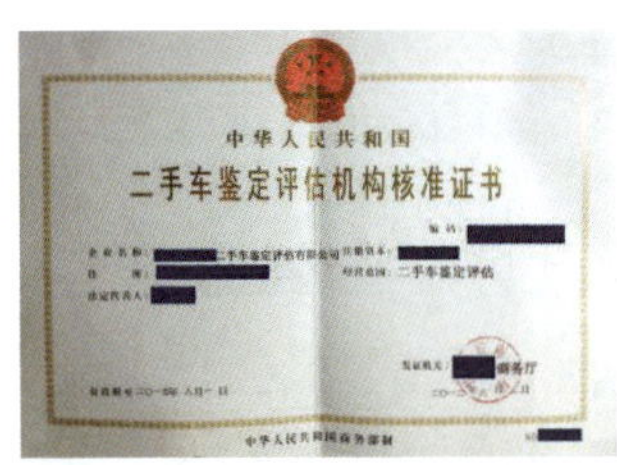

图 1-3-2　二手车鉴定评估机构资质

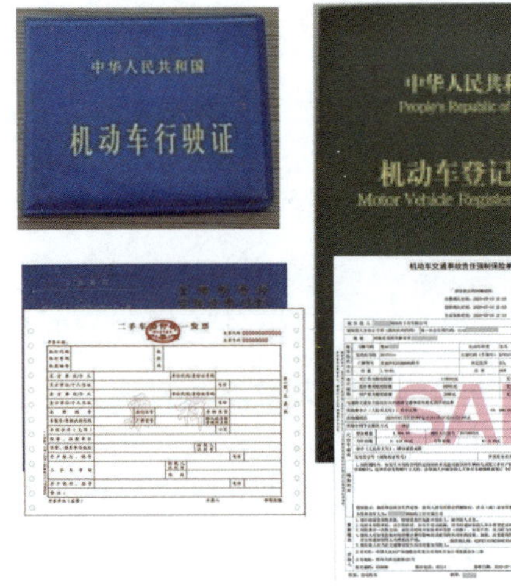

图 1-3-3　核查后证件及税费

（续）

委托书编号	• 按照二手车鉴定评估机构当日实际序号填写
委托方名称（姓名）	• 公户车单位或企业名称； • 车主姓名
法人代码证（身份证）号	• 统一社会信用代码； • 车主身份证号
委托方地址	• 公户车单位或企业地址； • 车主地址
联系人	• 车主、公户车单位或企业联系人
电话	• 车主联系电话、公户车单位或企业联系电话
鉴定评估机构名称	• 鉴定评估机构企业名称
法人代码证	• 鉴定评估机构统一社会信用代码
鉴定评估机构地址	• 鉴定评估机构地址
联系人	• 鉴定评估机构联系人
电话	• 鉴定评估机构联系电话
评估目的	• 车主鉴定车辆用途
号码号牌	• 按照核查后的证件填写
车辆类型	
车架号	
日期	• 鉴定评估车辆及报告书出具日期

欲要看究竟，处处细留心。

学习笔记

委托评估车辆基本信息

<table>
<tr><td rowspan="7">车辆情况</td><td>厂牌型号</td><td colspan="2">红旗 h5 智联享动</td><td>使用用途</td><td>营运 ☑
非营运 □</td></tr>
<tr><td>总质量/座位/排量</td><td colspan="2">2033kg/5 人/1796ml</td><td>燃料种类</td><td>汽油</td></tr>
<tr><td>初次登记日期</td><td colspan="2">2018 年 6 月 15 日</td><td>车身颜色</td><td>青川蓝</td></tr>
<tr><td>已使用年限</td><td>2 年 10 个月</td><td colspan="2">累计行驶里程（万公里）</td><td>3.56</td></tr>
<tr><td>大修次数</td><td>发动机（次）</td><td>0</td><td>整车（次）</td><td>0</td></tr>
<tr><td>维修情况</td><td colspan="4">左前翼子板更换</td></tr>
<tr><td>事故情况</td><td colspan="4">无</td></tr>
<tr><td colspan="2">价值反映购置日期</td><td colspan="2">2018 年 6 月 8 日</td><td>原始价格（元）</td><td>132000</td></tr>
<tr><td colspan="6">备注：</td></tr>
</table>

委托方：（签字、盖章）　　　　受托方：（签字、盖章）

张 x x

（二手车签定评估机构盖章）

2021 年 4 月 5 日　　　　2021 年 4 月 5 日

图 1-3-4　二手车鉴定评估委托书示例二

<table>
<tr><th colspan="2">委托评估车辆基本信息填写方法</th></tr>
<tr><th>项目名称</th><th>填写方法</th></tr>
<tr><td>厂牌型号</td><td rowspan="6">• 查看机动车登记证书信息</td></tr>
<tr><td>使用用途</td></tr>
<tr><td>总质量 / 座位 / 排量</td></tr>
<tr><td>燃料种类</td></tr>
<tr><td>初次登记日期</td></tr>
<tr><td>车身颜色</td></tr>
<tr><td>已使用年限</td><td>• 从初次注册日期至评估当日已使用年月</td></tr>
<tr><td>累计行驶里程</td><td>• 填写车辆显示里程</td></tr>
<tr><td>大修次数（发动机、变速箱）</td><td rowspan="3">• 询问客户并填写</td></tr>
<tr><td>维修情况</td></tr>
<tr><td>事故情况</td></tr>
<tr><td>购置日期</td><td>• 填写购车发票日期</td></tr>
<tr><td>原始价格</td><td>• 填写购车发票价格</td></tr>
<tr><th colspan="2">委托方、受托方签字</th></tr>
<tr><td>委托方</td><td>• 车主签字；
• 公户车辆加盖组织机构公章</td></tr>
<tr><td>受托方</td><td>• 加盖二手车鉴定评估机构公章</td></tr>
<tr><td>日期</td><td>• 签订二手车鉴定评估委托书当日日期</td></tr>
<tr><th colspan="2">二手车鉴定评估委托书填写要求</th></tr>
<tr><td>填写要求</td><td>• 二手车鉴定评估委托书需要评估双方共同签字确认；
• 若为个人车辆委托，需要车主签字；
• 若为公户车辆委托，需加盖单位或者公司公章；
• 委托书应注明提交评估报告日期，保证填写内容真实</td></tr>
</table>

学习笔记

任务测评

一、知识测评

确定本任务关键词，按重要程度进行关键词排序并举例解读。

根据自己对重要信息捕捉、排序、表达、创新和划分权重能力进行自评，见表1-3-2，满分100分。

表1-3-2 签订二手车鉴定评估委托书知识测评表

序号	关键词	举例解读	评分自定
1			
2			
3			
4			
5			
总分			

二、能力测评

对表1-3-3所列内容，操作规范即得分，操作错误或未操作即零分。

表1-3-3 签订二手车鉴定评估委托书能力测评表

序号	能力点	配分	得分
1	能够正确填写委托方、受托方信息	20	
2	能够正确填写委托评估车辆信息	30	
3	能够做好相关文件的交接工作	10	
4	能够向客户说明鉴定评估流程	20	
5	能够与客户确认委托书内容并签字	10	
6	能正确与客户交谈，语气适中	10	
总分		100	

三、素养测评

对表1-3-4所列素养点，做到即得分，未做到即零分。

表1-3-4 签订二手车鉴定评估委托书素养测评表

序号	素养点	配分	得分
1	安全作业，无安全隐患	20	
2	保护环境，无乱扔乱倒	20	
3	行为规范，无不当行为	20	
4	团队协作，无不洽关系	20	
5	场地“5S”	20	
总分		100	

四、拓展训练

（1）请列举出与客户签订二手车鉴定评估委托书时，如何保证填写的内容真实性。（满分25分）

（2）请说明如何确定车辆鉴定评估目的。（满分25分）

（3）请按下列思维导图格式（见图1-3-5），对签订二手车鉴定评估委托书的学习收获进行总结，你认为在“签订二手车鉴定评估委托书”过程中最应该注意什么，请选取一个词语填写到思维导图的空格中，并做说明。（满分50分）

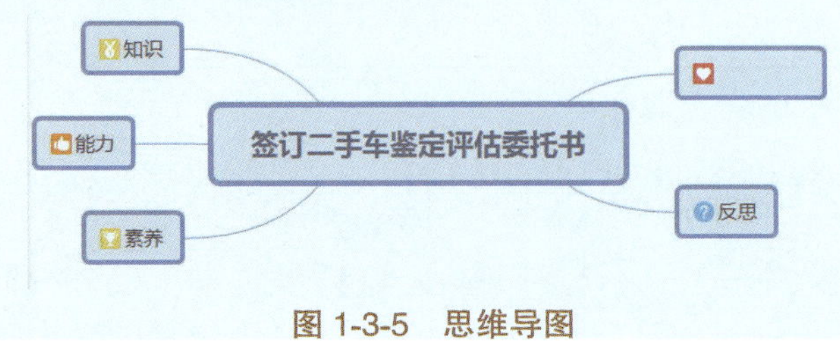

图1-3-5 思维导图

欲要看究竟，处处细留心。

学习笔记

任务四　拟定鉴定评估作业方案

职业行动

流程一：工作准备

1. 工作地点

二手车鉴定评估洽谈区。

2. 工作设施

鉴定评估车辆、洽谈桌、座椅。

3. 工作用品

计算机、打印机、写字板、签字笔、领带丝巾，见表 1-4-1。

表 1-4-1　工作用品

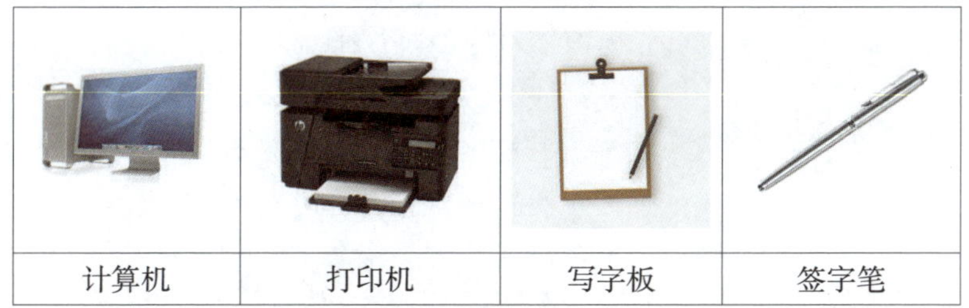

流程二：拟定鉴定评估作业方案

接受委托后，二手车鉴定评估师根据委托书的要求拟定相应的鉴定评估作业方案，见图 1-4-1。

职业知识

文件夹物品及功能

文件夹物品	功能
计算机	录入鉴定评估作业方案
打印机	打印拟定评估作业方案
与客户签订的二手车鉴定评估委托书	按照委托书内容制定鉴定评估作业方案
鉴定评估作业方案	拟定鉴定评估作业流程及时长
计算器	计算鉴定评估费用

鉴定评估作业方案拟定方法

委托方与车辆所有方简介	• 依据二手车鉴定评估委托书的委托方、委托方联系人、联系电话信息进行录入
评估目的	• 依据委托书中委托方的评估目的进行录入
评估对象	• 按照实车品牌、型号、号牌进行录入
鉴定评估基准日	• 根据评估目的的要求，由二手车鉴定评估师与车主共同确定，并进行录入； • 评估中的一切计价标准均为评估基准日有效的价格标准
拟定评估方法	• 根据评估目的及鉴定评估基准日选择合适的评估方法并录入； • 重置成本法：在现行条件下（市场条件与技术条件）按功能重置车辆，并使其状态所耗费用的成本；

学习笔记

二手车鉴定评估作业方案

一、委托方与车辆所有方简介

委托方 张××

委托方联系人 张×× ，联系电话 135××××××××

二、评估目的

根据委托方的要求，本项目评估目的（在□处填√）：

☑交易 □转籍 □拍卖 □置换 □抵押 □担保 □咨询 □司法裁决

三、评估对象

评估车辆的厂牌型号：（红旗H5）；号牌号码：（吉BTZ×××）。

四、鉴定评估基准日

鉴定评估基准日： 2021 年 4 月 20 日。

五、拟定评估方法（在□处填√）

☑重置成本法 □现行市价法 □收益现值法 □其他

六、拟定评估人员

负责评估师：（ 杨帆 ）

协助评估人员：（ 高尚 ）

七、现场工作计划

负责评估师组织相关人员，于 2021 年 5 月 1 日 0 时前，参照各项工作的参考时间，完成下列工作。

(1)证件核对： 30 分钟。

(2)鉴定二手车现时技术状况。

静态检查与动态检查： 120 分钟；

仪器设置检查：送吉林检测站： 2 小时。

(3)车辆拍照： 20 分钟。

(4)评定估算： 2 小时。

(5)撰写评估报告： 2 小时。

八、评估作业程序

按照接受委托、验证、现场查勘、评定估算和提交报告的程序进行。

九、拟定提交评估报告时间

2021 年 4 月 30 日

图 1-4-1 鉴定评估作业方案示例

（续）

拟定评估方法	• 现行市价法：车辆在公开市场上的销售价格。可以是“实际销售”，也可以是“模拟销售”； • 收益现值法：根据车辆未来的预期获利能力，以适当的折现率将未来收益折成现值； • 清算价格法：企业由于破产等原因，以变卖车辆的方式来清偿债务或者分配剩余状况的车辆价格
拟定评估人员	• 确定负责评估师：具有二手车鉴定评估师证书的人员； • 确定协助评估人员：协助二手车鉴定评估师完成车辆鉴定评估
现场工作计划	• 负责鉴定评估师组织相关人员确定车辆鉴定评估的时间； • 具体到鉴定评估当日的时刻； • 证件核对：核对工作时长； • 二手车现实技术状况：检查工作时长； • 车辆拍照：拍照工作时长； • 评定估算：评定估算工作时长； • 评估报告：撰写时长
评估作业程序	• 接受委托、验证、现场勘查、评定估算、提交报告的具体程序
拟定提交评估报告时间	• 委托方、受托方共同确定的提交评估报告时间

鉴定结论必须从现场观察中得来。

任务测评

一、知识测评

确定本任务关键词,按重要程度进行关键词排序并举例解读。

根据自己对重要信息捕捉、排序、表达、创新和划分权重能力进行自评，见表 1-4-2，满分 100 分。

表 1-4-2　拟定鉴定评估作业方案知识测评表

序号	关键词	举例解读	评分自定
1			
2			
3			
4			
5			
总分			

二、能力测评

对表 1-4-3 所列内容，操作规范即得分，操作错误或未操作即零分。

表 1-4-3　拟定鉴定评估作业方案能力测评表

序号	能力点	配分	得分
1	能够正确填写委托方受托方及车辆信息	10	
2	能够选定合适的评估方法	10	
3	能够与客户商定鉴定评估车辆日期	20	
4	能正确遵守礼仪礼节	10	
5	能正确与客户交谈，语气适中	50	
总分		100	

三、素养测评

对表 1-4-4 所列素养点，做到即得分，未做到即零分。

表 1-4-4　拟定鉴定评估作业方案素养测评表

序号	素养点	配分	得分
1	安全作业，无安全隐患	20	
2	保护环境，无乱扔乱倒	20	
3	行为规范，无不当行为	20	
4	团队协作，无不洽关系	20	
5	场地“5S”	20	
总分		100	

四、拓展训练

（1）通过二手车鉴定评估资料的学习，描述二手车鉴定评估作业方案的内容和要求。（满分 25 分）

（2）请说明如何选择评估方法。（满分 25 分）

（3）请按下列思维导图格式（见图 1-4-2），对拟定鉴定评估作业方案的学习收获进行总结，说一说在“拟定鉴定评估作业方案”过程中哪个信息最重要，请选取一个词语填写在思维导图的空格中，并做说明。（满分 50 分）

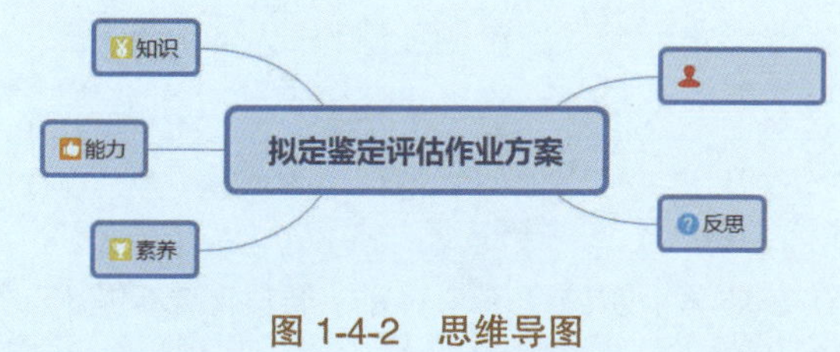

图 1-4-2　思维导图

学习笔记

学习考评

一、考评项目

客户王先生所在公司破产，有一辆2017款2.0 TSI御尊版帕萨特需要进行车辆鉴定评估，王先生作为鉴定委托经办人提供了车辆的行驶证、购置税本、机动车登记证书、发票及保单等。

二、实施准备

1. 学生准备

学生在按照教学进度计划，已经完成了以下学习任务并达到了75分以上，可进行该学习考评的实施。

（1）理解并完成学习考评需要的相关知识和方法的学习，得分大于75分。

（2）运用学习考评需要的相关知识和规范进行作业，得分大于75分。

（3）按时、按质、按量完成相应作业，得分大于80分。

（4）具有自觉遵守技术标准和要求规定、规范操作、安全、环保、“5S”作业、团结协作的好习惯，得分大于80分。

（5）能说出2017款2.0 TSI御尊版帕萨特进行鉴定评估的前期准备内容。

（6）接待王先生并与其洽谈车辆鉴定评估内容。

（7）核查王先生提供的车辆证件和税费。

（8）与王先生公司签订二手车鉴定评估委托书。

（9）拟定王先生公司车辆评估作业方案。

2. 教师准备

（1）在安排学生实施学习考评前，通过课堂问题研讨、作业、实训和考核及其他方式，确认学生已经具备了实施学习考评所需的知识、技能和素养，并确保学生在安全状态下独立进行。

（2）对协助教师进行测评的学生进行测评和监督方法的培训，确保测评结果的准确性和公平性。

（3）准备好测评记录。

三、验证方法与标准

（1）每位测评人员负责对1名学生进行定点、全过程的监控和测评。

（2）详细记录学生在实施学习考评过程中的相关信息、数据、结果、操作方法、完成时间，以及出现错误、事故等情况。

（3）学习考评的作业过程和数据记录等，要求在60 min内完成，时间不足，可在即将结束时，口述剩余部分的作业方法。

（4）考核内容及评分标准见下表。

考核内容及评分标准

序号	评分项	得分条件	评分标准	配分	扣分
1	安全/5S/态度	□1. 能正确佩戴胸牌 □2. 能正确与客户交谈，语气适中 □3. 能正确遵守礼仪礼节	未完成1项扣5分，扣分不得超过15分	15	
2	专业技能能力	□1. 能够按客户接待流程接待进店客户 □2. 与客户洽谈车辆鉴定评估内容 □3. 查验车辆证件和税费	未完成1项扣10分，扣分不得超过50分	50	

（续）

序号	评分项	得分条件	评分标准	配分	扣分
2	专业技能能力	□ 4. 确认车辆合法性 □ 5. 签订二手车鉴定评估委托书 □ 6. 拟定车辆评估作业方案	未完成 1 项扣 10 分，扣分不得超过 50 分	50	
3	工具及设备的使用	□ 1. 能正确填写二手车鉴定评估委托书内容 □ 2. 能正确填写车辆评估作业方案	未完成 1 项扣5分，扣分不得超过 10 分	10	
4	资料、信息查询能力	□ 1. 能正确在规定的时间内查询所需资料 □ 2. 能正确记录所需信息	未完成 1 项扣5分，扣分不得超过 10 分	10	
5	数据的判断和分析能力	□ 1. 能正确判断车辆评估目的 □ 2. 能正确选择评估方法	未完成 1 项扣5分，扣分不得超过 10 分	10	
6	表单填写与报告的撰写能力	□ 1. 字迹清晰 □ 2. 语句通顺 □ 3. 无错别字 □ 4. 无涂改 □ 5. 无抄袭与客户交谈，语气适中	未完成 1 项扣1分，扣分不得超过 5 分	5	
合计					

四、考评报告

说明：考评分为理论考评和实操考评，理论考评根据项目要求以及考评模板格式制定项目实施方案，方案经教师审核合格后，方可进行实操考评。考评报告模板详见附录 A。

学习笔记

学习笔记

拓展阅读——鉴定评估案例分析

一、车辆基本信息

2013 款经典雪佛兰科鲁兹 1.8 se at，上牌时间：2014 年 5 月，当年裸车价：13.69 万元，行驶里程：21 350 km。

二、车辆检查

1. 静态检查

首先，站在车辆前方，观察到车的对称性很好，站在车前 45° 角观察在阳光下没有看见哪个地方有补漆的色差，车的整体感还是很美观的。

然后，逆时针围绕车辆转一圈，打开左前门查看车漆及车门铰链螺丝都是原版痕迹，都没有被修复和拧动的痕迹，扒开门框边的密封橡胶条观看原车焊点很均匀，平滑且略微凹陷，都是原厂的机器臂的焊接工艺，门边的边胶均匀规整，硬度适中是原厂的胶边工艺水准。每个门上的门把手保护贴膜还都存在，说明此车没有补过油漆，当然也有可能是后来贴上去的，除了二手车商为了好看会后来贴上门把手膜，个人很少有人再贴此膜。

接下来观察车上的 4 条轮胎和制动盘磨损程度，都是轻度磨损，在 20 000 km 左右正常的磨损范围内，且从轮胎的生产日期上看到其生产日期为 2014 年第 10 周，与此车的生产日期（2014 年 4 月）一致。

检查行李舱内的情况，发现行李舱内的原厂胶和油漆都很平整，结合的也很自然，没有修复痕迹，且备胎还是全新的，没有被使用过的磨损痕迹，打开行李舱后查看后翼子板内侧边的焊接也很规整，没有修复痕迹。

然后查看此车的所有玻璃的生产年、月和厂家标识是否正常，经过核对，此车的生产年、月和厂家标识都和车的出厂年、月一致且厂家标识一致，字体规整清晰。介绍一下玻璃的生产年、月的查看方法，黑点前或者后的数字代表年份，上半年生产的玻璃计算公式为：7 减去年份前面的黑点数，前风挡玻璃出厂时间为：2014 年 3 月。下半年生产的玻璃计算公式为："13 减去后面的黑点数"，例如有 3 个黑点，那么出厂月份为：13-3=10，也就说明出厂时间为：2014 年 10 月。对比此车出厂铭牌上的整车出厂日期为 2014 年 4 月，玻璃出厂日期比此车出厂日期晚了一个月，算是正常的日期间隔，说明此车上的玻璃为原厂玻璃。

接着，打开车的发动机盖查看发动机舱内的情况，发动机盖、左右前翼子板、水箱框架、发动机上的固定螺丝都没有拧动和位移的痕迹，减振座上的原厂胶很规整，水箱框架前方的提示贴很规整，且正常存在。水箱框架与叶子板内骨架的焊接处焊点规整，前纵梁没有任何修复痕迹。

2. 动态检查

打着发动机，运转很平稳，没有杂音，没有漏油痕迹，减振座下方的减振器和减振弹簧也没有漏油痕迹。

最后，进入驾驶舱，检查车的内饰和电子电器设备，先拧开钥匙让车自检，看警示灯是否都正常亮起，打着车之后 2 s 左右，警示灯该熄灭的能正常熄灭，此车没有故障灯常亮现象。打开天窗，天窗能正常开闭且平顺无异响。查看此车发现内饰整洁，只有轻微磨损。上路试车，此车的变速箱换挡平顺没有顿挫感，底盘无异响、无松散感，方向回正正常。

评估判定：

此车为二手车里面难得的精品车，不但没有任何事故，连剐蹭、补漆都没有，此车当时提车优惠 2 w 左右，提车价在 11.5 w 左右，现在评估正常出销价格在 9.5~10 w。

思考：请仔细阅读上述车辆的静态检查与动态检查过程，将检查过程中的现场观察内容用思维导图绘制出来，突出描绘车辆有问题的信息，并仔细认真核对绘制内容与描述信息是否一致有无缺漏，完成一份思维导图形式的鉴定报告。

学习笔记

学习笔记

项目二　判别碰撞事故车

一、项目描述

完成 2018 款红旗 H5 智联享动车型碰撞事故车的判别。

二、项目要求

符合国家二手车技术鉴定评估规范，完成 2018 款红旗 H5 智联享动车型碰撞事故车的鉴定评估。

（1）检查车体结构；

（2）检查车身外观；

（3）检查发动机舱；

（4）检查驾驶舱；

（5）检查行李舱；

（6）检查车辆底盘；

（7）查询车辆使用记录；

（8）检查调表车。

三、学习目标

（1）准确地说出碰撞事故车的定义及查询车辆使用记录渠道；

（2）准确地描述车身结构、发动机舱、驾驶舱、行李舱、车辆底盘、调表车的检查内容及方法；

（3）规范地检查车身结构、车身外观、发动机舱、驾驶舱、行李舱、车辆底盘并记录检查结果；

（4）正确查询车辆使用记录并读取车辆公里数，记录结果；

（5）养成自觉遵守岗位职责和要求规定、规范行为、安全、环保、“5S” 作业、团结协作的好习惯；

（6）树立诚信守规的职业观。

四、学习载体

车主张先生按照约定时间，将需要鉴定的 2018 款红旗 H5 智联享动力型碰撞事故车送到吉林市吉检机动车鉴定评估机指定地点，鉴定评估师杨帆已经在停车场等待张先生，接过车钥匙，杨帆将张先生引入休息区后，杨帆指派鉴定评估师助理高尚将车辆开至鉴定评估场地，停好车辆，高尚开始做碰撞事故车鉴定评估准备。杨帆送别张先生后，与助理高尚对车辆进行碰撞事故车的鉴定。

学习笔记

2-1

静态外观检查

学习笔记

任务一　检查车体结构

职业行动

流程一：工作准备

1. 工作地点

二手车鉴定评估作业场地。

2. 工作设施

2018 款红旗 H5 智联享动车型碰撞事故车、套筒扳手组合套具、漆膜仪、手电筒、卷尺，见表 2-1-1。

表 2-1-1　工具设备

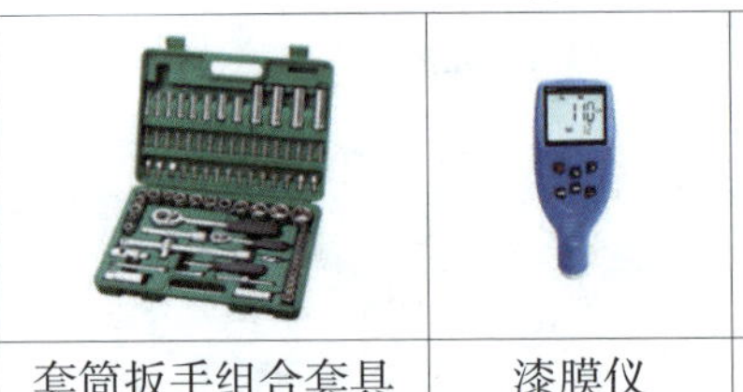			
套筒扳手组合套具	漆膜仪	手电筒	卷尺

3. 工作用品

二手车鉴定评估作业表、写字板、抹布、碳素笔。

流程二：检查车身周正性

1. 检查整车对称性

（1）鉴定评估师杨帆站在车辆前部，检查车身整体是对称的。

（2）蹲在车辆前部，检查车身整体是对称的，见图 2-1-1。

2. 检查车辆两侧前后轮是否在同一直线上，车轮是否突出车身

（1）杨帆站在汽车的前方 5 ~ 6 m 处，蹲下沿着轮胎和汽车的外表观察汽车的两侧：左侧前、后轮是在同一直线上的；右侧前、后轮是在同一直线上的；没有某个车轮更突出车身。

2-2

整车周正性检查

职业知识

工具设备及其功能

工具设备	功能
二手车鉴定评估作业表	记录车辆信息及车身骨架检查结果
手电筒	查看线束及底盘连接部分
漆膜仪	检查漆面厚度
套筒扳手组合套具	拆装检查部位遮挡物
卷尺	测量车身周正性
抹布	擦干净要检查的零部件

碰撞事故车判别

方法	• 经过严重撞击，损伤到发动机舱和驾驶舱的车辆； • 水箱框架有碰撞损伤的车辆； • 后翼子板撞击损伤超过其 1/3 的车辆； • 纵梁有焊接、切割、整形、变形的车辆； • 减振器座有焊接、切割、整形、变形的车辆； • A 柱、B 柱、C 柱有焊接、切割、整形、变形的车辆； • 因撞击造成汽车安全气囊弹出的车辆； • 不可拆卸部分有严重的焊接、切割、整形、变形的车辆
标准	• 如果符合以上任意一条，即属于事故车

细节在于观察，成功在于积累。

（2）杨帆站在汽车的后方 5 ~ 6 m 处，蹲下沿着轮胎和汽车的外表观察汽车的两侧：左侧前、后轮是在同一直线上的；右侧前、后轮是在同一直线上的；没有某个车轮更突出车身。

（3）用卷尺测量车辆一侧前、后轮中心的距离与另一侧同样方法测量数值基本一致，见图 2-1-2。

（4）用卷尺测量左、右前轮中心距离与左、右后轮中心距离数值基本一致。

图 2-1-1　观察整车对称性

图 2-1-2　测量车辆中心与轮缘距离

3. 检查车轮中心与轮罩边缘之间距离是否一致

（1）杨帆蹲在左前车轮旁边，用卷尺测量车轮中心与车轮罩后边缘之间的距离；用卷尺测量右前轮车轮中心和车轮罩后缘之间的距离，与左前轮测量数值基本一致。

（3）杨帆再用同样的方法测量两后轮，测量数值基本一致。

流程三：检查底盘线束

1. 车辆举升

鉴定评估师助理高尚将车辆举升。

2. 检查线束

杨帆查看线束，无裸露、损坏或修复痕迹。

3. 检查线束固定螺栓

杨帆查看线束固定螺栓，均齐全、紧固且为原厂螺栓，新旧程度一致。

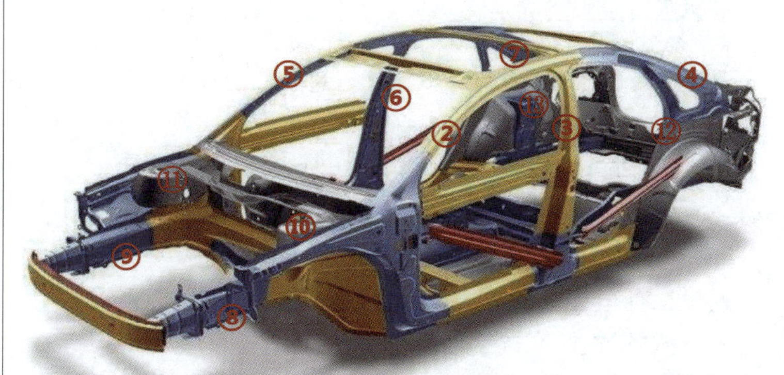

①车体左右对称性；②左 A 柱；③左 B 柱；④左 C 柱；⑤右 A 柱；⑥右 B 柱；⑦右 C 柱；⑧左前纵梁；⑨右前纵梁；⑩左前减振器悬挂部位；⑪右前减振器悬挂部位；⑫左后减振器悬挂部位；⑬右后减振器悬挂部位

车身周正性判别标准

对称性	• 整车外观左右对称
车辆两侧前后轮	• 两侧前、后车轮应在同一直线上； • 一侧两车轮不应比另一侧两车轮更突出车身； • 卷尺测量两侧车辆前、后轮中心距离应基本一致； • 卷尺测量左、右前轮中心距离与左、右后轮中心距离应一致； • 以上有一项不符合，车身不周正
车轮中心与轮罩边缘之间的距离	• 前部左、右车轮中心距测量结果应基本一致； • 后部左、右车轮中心距测量结果应基本一致； • 以上有一项不符合，车身不周正

学习笔记

学习笔记

4. 检查线束固定位置

杨帆查看线束均固定在车身上，且固定装置及位置为原厂。

流程四：检查底盘连接部位

1. 检查转向节臂、转向横拉杆及球头

杨帆检查转向节臂、转向横拉杆及球头无损伤裂纹，球头未松动，连接可靠。

2. 检查车架

杨帆检查车架无弯曲、扭转、裂纹、断裂及锈蚀。

3. 检查连接部位螺栓

杨帆查看连接部位螺栓均齐全、紧固且为原厂螺栓，无拆卸痕迹，新旧程度一致。

流程五：填写车体结构检查项目作业表

（1）鉴定评估师助理高尚在鉴定评估师杨帆检查过程中，及时将检查结果记录到车体结构检查作业表中。

（2）杨帆检查车体结构作业结束后，查看高尚所填写的车体结构检查作业表，填写无误，见图 2-2-3。

车体结构检查项目					
1	车体左右对称性				
2	左 A 柱	8	左前纵梁		
3	左 B 柱	9	右前纵梁		
4	左 C 柱	10	左前减振器悬挂部位		
5	右 A 柱	11	右前减振器悬挂部位		
6	右 B 柱	12	左后减振器悬挂部位		
7	右 C 柱	13	右后减振器悬挂部位		
代表字母	BX	NQ	GH	SH	ZZ
描述	变形	扭曲	更换	烧焊	褶皱
缺陷描述	无				
事故判定	□事故车 ☑正常车				

图 2-2-3　车体结构检查项目作业表

底盘线束判别标准

- 线束不应裸露、损坏或存在修复痕迹；
- 线束固定在车身上且为原厂，新旧程度应一致；
- 线束固定位置应为原厂位置；
- 存在以上情况，进一步检查整车车况

底盘连接部位判别标准

- 转向节臂、转向横拉杆及球头无损伤裂纹，球头未松动，连接可靠；
- 车架未弯曲、扭转、裂纹、断裂及锈蚀；
- 连接部位螺栓应齐全、紧固，并且为原厂螺栓，新旧程度一致；
- 存在以上情况，进一步检查整车车况

车体的五种缺陷

符号	名称	释义
BX	变形	• 车体结构受外力作用而产生体积或形状的改变
NQ	扭曲	• 车体结构因外力作用而扭转变形
GH	更换	• 车体原有结构部分无法使用而更换焊接
SH	烧焊	• 用电焊或气焊的方法把断裂的或分开的物品焊接起来，烧焊包括电焊
ZZ	褶皱	• 车体结构因受力而发生一系列波状的弯曲变形

缺陷描述填写标准

缺陷描述方式	• 车体部位代码 + 状态
举例	• 8 SH，即左前纵梁有烧焊痕迹

学习笔记

任务测评

一、知识测评

确定本任务关键词，按重要程度进行关键词排序并举例解读。

根据自己对重要信息捕捉、排序、表达、创新和划分权重能力进行自评，见表 2-1-2，满分 100 分。

表 2-1-2　检查车体结构知识测评表

序号	关键词	举例解读	评分自定
1			
2			
3			
4			
5			
总分			

二、能力测评

对表 2-1-3 所列内容，操作规范即得分，操作错误或未操作即零分。

表 2-1-3　检查车体结构能力测评表

序号	能力点	配分	得分
1	能够说出碰撞事故车定义	20	
2	能够指出车身结构位置名称	20	
3	能正确检查车身周正情况	20	
4	能够正确检查线束及其连接情况	20	
5	能够说出车体的五种缺陷	20	
总分		100	

三、素养测评

对表 2-1-4 所列素养点，做到即得分，未做到即零分。

表 2-1-4　检查车体结构素养测评表

序号	素养点	配分	得分
1	安全作业，无安全隐患	20	
2	保护环境，无乱扔乱倒	20	
3	行为规范，无不当行为	20	
4	团队协作，无不洽关系	20	
5	场地“5S”	20	
总分		100	

四、拓展训练

（1）请说出车体结构检查项目符号及各符号代表内容，并在实车指出检查部位。（满分 25 分）

（2）请阐述缺陷描述方式的意义。（满分 25 分）

（3）请按下列思维导图格式（见图 2-2-4），对检查车体结构的学习收获进行总结，说一说学习内容中，对于你来说哪个检查内容需要特别“用心”。（满分 50 分）

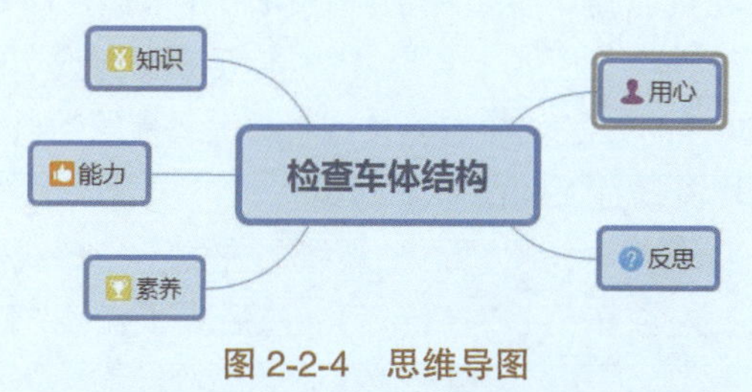

图 2-2-4　思维导图

学习笔记

任务二 检查车身外观

职业行动

流程一：工作准备

1. 工作地点

二手车鉴定评估作业场地。

2. 工作设施

2018 款红旗 H5 智联享动车型碰撞事故车、套筒扳手组合套具、漆膜仪、手电筒、卷尺，见表 2-2-1。

表 2-2-1 工具设备

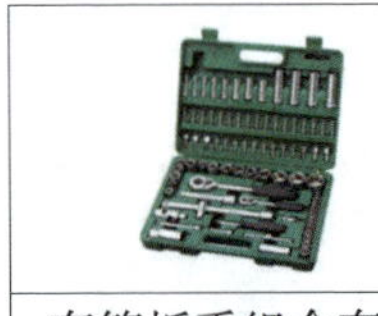	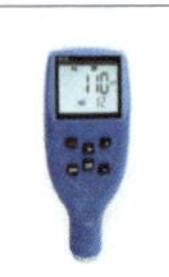		
套筒扳手组合套具	漆膜仪	手电筒	卷尺

3. 工作用品

二手车鉴定评估作业表、写字板、抹布、签字笔。

流程二：检查整车漆面

1. 检查整车棱线

（1）发动机舱盖。鉴定评估师杨帆站在车辆左前 2 m 45° 位置，远观发动机舱盖棱线；再以 45° 走近一步近观；杨帆走到车辆右侧，以同样的方法观察右侧棱线，两次观察发动机舱盖棱线，左右侧棱线均流畅且无凹凸不平部位。

（2）车身左侧。杨帆蹲下，视线与左侧车身棱线平齐，观察左前翼子板、左前车门、左后车门、左后翼子板棱线流畅且无凹

2-3 车辆外观检查

2-4 整车外观漆面检查

职业知识

工具设备及其功能

工具设备	功能
二手车鉴定评估作业表	记录车身外观检查结果
手电筒	查看车身外观部分
漆膜仪	检查漆面厚度
套筒扳手组合套具	拆装检查部位遮挡物
卷尺	测量距离
抹布	擦干净要检查的零部件

漆面检测

检测位置	检测位置示意图	检测方法
发动机舱盖/车顶/行李舱		取正中、前、后、左、右 5 个点测量数值； 每个点采集 3 次数据并取平均值，得出细节平均值； 然后将 5 个点的平均值求平均，算出部件的平均值
翼子板/前后门		车身侧面取翼子板 3 个点； 前后门各 5 个点，每个点测量三次取平均值得到细节平均厚度； 将细节平均厚度取平均值，得到部件的平均厚度

公正是第三方鉴定最大的责任。

凸不平部位，见图 2-2-1。

（3）车身右侧。杨帆走到车辆右侧，用同样的方法检查右后翼子板、右后车门、右前车门及右前车门，棱线流畅且无凹凸不平部位。

2. 检查整体漆面

（1）发动机舱盖。鉴定评估师杨帆站在车辆前方，查看发动机舱盖漆面颜色一致，漆面平整无大面积损伤，漆面质量饱满，无鱼眼、色差、龟裂、橘皮、砂纸痕迹、起泡及流漆；使用漆膜仪测量发动机舱盖漆膜厚度在正常范围内。

（2）车身左侧。杨帆站在车辆左侧，查看左前翼子板、左前车门、左后车门及左后翼子板漆面颜色一致，漆面平整无大面积损伤，漆面质量饱满，均无鱼眼、色差、龟裂、橘皮、砂纸痕迹、起泡及流漆；使用漆膜仪测量左前翼子板、左前车门、左后车门及左后翼子板漆膜厚度在正常范围内，见图 2-2-2。

图 2-2-1　腰线流畅图

图 2-2-2　漆膜仪测量漆面厚度

（3）车身后部。杨帆走到车辆后方，查看行李舱盖漆面颜色一致，漆面平整无大面积损伤，漆面质量饱满，无鱼眼、色差、龟裂、橘皮、砂纸痕迹、起泡及流漆；使用漆膜仪测量行李舱盖漆膜厚度在正常范围内。

（4）右侧车身。杨帆走到车辆右侧，查看右后翼子板、右后车门、右前车门及右前翼子板漆面颜色一致，漆面平整无大面积损伤，漆面质量饱满，均无鱼眼、色差、龟裂、橘皮、砂纸痕迹、

整车漆面检查要求

项目	要求
整车棱线	• 棱线顺直平滑并且对称； • 曲线部位结合处线条流畅，无大面积凹凸不平
整体漆面	• 漆面颜色应一致； • 无较大面积补灰喷漆，无人工磨平不均，车身表面无波浪凹凸不平； • 油漆丰满度与原厂漆一致，无橘皮、垂流、气泡、龟裂、针孔、范色； • 国内生产车辆原厂漆厚度一般在 80 ～ 150 μm 经过喷涂修复后一般在 200 μm 以上； • 进行过钣金修复，修复过腻子后，漆膜厚度可达 300 μm； • 车系不同、同车型进口与国产的原厂漆膜厚度也有所不同，需根据实车确定
多余油漆	• 轮胎、窗户、镶条、排气管四周等部位应无多余油漆

漆面修复后常见现象

漆面色差	漆面橘皮

学习笔记

学习笔记

起泡及流漆；使用漆膜仪测量右后翼子板、右后车门、右前车门及右前翼子板漆膜厚度在正常范围内。

（5）车身顶部。杨帆站在梯子上查看车辆顶部，漆面颜色一致，无大面积损伤，漆面饱满，无鱼眼、色差、龟裂、橘皮、砂纸痕迹、起泡及流漆；使用漆膜仪测量车辆顶部漆膜厚度在正常范围内。

3. 检查多余油漆

鉴定评估师杨帆检查 4 条轮胎、所有窗户、窗户边框镶条及排气管周围均无多余漆雾，继续检查发现左前后视镜下方有少量漆雾，告知鉴定评估师助理高尚记录并拍照留存。

流程三：检查车头部分

1. 检查前保险杠

杨帆走到车辆前部，查看前保险杠，无色差、变形、损坏，见图 2-2-3。

2. 检查左、右前照灯灯体总成

（1）杨帆指派高尚打开所有前照灯开关，杨帆在车前观察左、右两侧灯光齐全，晃动两侧灯体无松动，查看灯罩表面无明显划痕、破损、水雾。

（2）杨帆查看两侧灯体总成与接触件缝隙，对比左、右两侧灯体总成与前保险杠及翼子板之间缝隙发现，左侧缝隙较大且不均匀，告知高尚记录并拍照，见图 2-2-4。

图 2-2-3　前保险杠

图 2-2-4　前照灯总成与接触件缝隙

（续）

漆面流漆	漆面起泡
轮胎残留漆雾	**后视镜残留漆雾**
漆面龟裂	**喷漆残留**

公正是第三方鉴定最大的责任。

学习笔记

3. 检查发动机舱盖

（1）杨帆打开发动机舱盖，感受舱盖开启无卡滞，查看盖锁无变形、损坏。

（2）杨帆观察液压杆能够正常支撑，无变形泄压，查看铰链连接螺栓无扳手痕迹且为原厂。

（3）杨帆用手按压边缘的封胶，软硬程度、老化程度一致。

（4）杨帆查看各孔洞无变形、修复、锈蚀痕迹。

（5）杨帆检查隔音棉、隔音棉固定锁扣、固定胶墩、装饰件未损坏且为原厂。

（6）杨帆关闭发动机舱盖，关闭过程正常，查看对比发动机舱盖左、右两侧与同侧灯体总成及前翼子板缝隙，发现左侧缝隙较大且不均匀，鉴定评估师助理高尚记录并拍照，见图 2-2-5。

流程四：检查左侧车身部分

1. 检查左前翼子板

（1）杨帆查看左前翼子板与接触件间隙，发现间隙不均匀一致，高尚记录并拍照，见图 2-2-6。

图 2-2-5　发动机舱盖与接触件缝隙

图 2-2-6　左前翼子板与接触件间隙

车头部分检查要求	
前保险杠	• 应无明显的色差、变形、损坏； • 应无修补、矫正、更换的痕迹； • 与左、右前翼子板接触缝隙应均匀一致
左、右前照灯灯体总成	• 两侧灯光亮度应一致； • 灯体无松动或损坏，支架无锈蚀，前照灯未拆卸或者更换过； • 左、右前照灯新旧程度应一致； • 灯体与翼子板、保险杠缝隙应均匀
发动机舱盖	• 发动机舱盖边缘封胶软硬程度应一致，出厂会出现涂抹不均匀情况； • 对比查看其他部位原厂涂抹程度应一致； • 同位置孔洞大小应一致； • 边缘应均匀，不应生锈，隔音棉应与同款车型一致； • 固定胶墩老化程度应一致并且未丢失； • 装饰件不应丢失，应与原厂车型一致； • 盖锁未发生变形损坏，舱盖能够关严； • 支撑杆无变形、损坏，未出现无法支撑的情况
车身部分检查要求	
前、后翼子板	• 螺栓应无扳手痕迹，并且为原厂螺栓； • 接触件间隙一致； • 翼子板均无更换； • 无色差；

学习笔记

（2）高尚打开发动机舱盖，拆卸发动机舱护板，杨帆查看翼子板连接螺栓有扳手痕迹，高尚记录并拍照。

2. 检查左前后视镜

鉴定评估师杨帆查看左前后视镜，镜面、镜体外壳未损坏，整体可折叠，可见少量漆雾，鉴定评估师助理高尚记录并拍照。

3. 检查前风窗玻璃左侧

杨帆查看前风窗玻璃左侧，无破损、更换及修复的痕迹。

4. 检查车顶左前侧

（1）杨帆查看车顶左前侧，漆面颜色一致，无损伤划痕，漆面饱满。

（2）杨帆查看天窗边框无变形、无损伤，天窗玻璃无损坏，见图 2-2-7。

（3）高尚坐在主驾驶位置，开启天窗，杨帆查看天窗导水槽清洁；杨帆浇水测试排水流畅。

5. 检查左前门玻璃

（1）杨帆查看左前玻璃右下角，存在车辆玻璃符号标识，见图 2-2-8。

图 2-2-7　天窗

图 2-2-8　玻璃符号标识

（2）杨帆查看玻璃出厂时间与车辆出厂时间相近，与全车玻璃出厂时间相近且品牌一致。

（3）杨帆查看左前玻璃，无破损、更换及修复的痕迹。

（续）

后视镜	• 不应松动； • 老化程度应与其他部件一致； • 镜面无损坏、可以折叠
风窗玻璃、门窗玻璃	• 玻璃应有正规厂家符号和标识； • 玻璃品牌应一致； • 玻璃的出厂日期应与玻璃封边痕迹老化程度一致，并且与全车玻璃的出厂日期相近； • 玻璃应无破损、更换和修复的痕迹 ••1•• 黑点在这边就是 上半年 月份用7-黑点数 黑点在这边就是 下半年 月份用13-黑点数
车顶	• 四边和中心区域的漆面检查点间距应不超过 10 cm； • 车顶无变形、切割、修复痕迹； • 天窗清洁，排水顺畅
前、后车门	• 铰链连接螺栓应无扳手痕迹，且为原厂螺栓； • 封胶老化、软硬程度应一致； • 门框平整，周边间隙均匀； • 装饰条无变形、老化程度一致； • 车门关闭，间隙应均匀一致； • 开关车门顺畅无卡滞； • 车门无更换、钣金、色差、喷漆修复痕迹
底槛	• 底槛无修复、喷漆、锈蚀或者切割的痕迹

公正是第三方鉴定最大的责任。

6. 检查左前门

（1）杨帆检查左前门与接触件缝隙，发现左前门与左前翼子板缝隙不均匀，高尚记录并拍照，见图 2-2-9。

（2）鉴定评估师杨帆开、关车门，车门开关顺畅无卡滞。

（3）杨帆打开车门，查看车门铰链无损坏、更换痕迹，连接螺栓无扳手痕迹。

（4）杨帆按压车门边缘封胶，软硬程度一致。

（5）杨帆查看车门边框平整，且密封条、装饰条均无损坏变形，老化程度一致。

（6）杨帆查看车门整体，车门无更换、钣金及漆面修复痕迹。

7. 检查左前底槛

杨帆查看左前底槛，无锈蚀、切割、钣金修复及喷漆痕迹情况。

8. 检查左后底槛

杨帆查看左后底槛，无锈蚀、切割、钣金修复及喷漆痕迹情况。

9. 检查左后门

杨帆按照检查左前门的同样方法检查左后门，车门与接触件缝隙均匀一致；车门开关顺畅无卡滞，见图 2-2-10；车门铰链无损坏、更换痕迹，连接螺栓无扳手痕迹；边缘封胶软硬程度一致；车门边框平整，密封条、装饰条无损坏变形，老化程度一致；车门整体无更换、钣金及漆面修复。

10. 检查左后门玻璃

鉴定评估师杨帆按照检查左前门玻璃的方法检查左后门玻璃，左后门玻璃存在车辆玻璃符号标识；玻璃出厂时间与车辆出厂时间一致，与全车玻璃出厂时间相近且品牌相近；玻璃无破损、更换及修复痕迹。

车尾部分检查要求

部位	要求
行李舱盖	• 漆面厚度应在正常范围； • 铰链连接螺栓应无扳手痕迹，且为原厂螺栓； • 封胶老化程度应一致； • 与翼子板及保险杠之间的缝隙应均匀一致； • 无更换、修复及喷漆等修复痕迹，无色差； • 液压杆功能正常
左、右尾灯	• 尾灯应有原厂编号； • 各车厂编号或者编号格式相差不应过大； • 灯罩表面应无明显痕迹； • 尾灯灯体不应松动
后围板	• 封胶应与出厂一致，无补胶情况； • 无钣金修复、变形、焊接、锈蚀及更换痕迹
后保险杠	• 应无明显的色差、变形、损坏； • 应无修补、矫正、更换的痕迹； • 与左右前翼子板接触缝隙应均匀一致

车身外观修复后常见现象

前保险杠刮伤	前保险杠与前翼子板缝隙不均

学习笔记

学习笔记

图 2-2-9　左前门与接触件间缝隙

图 2-2-10　左后门与接触件缝隙

11. 检查车顶左后侧

杨帆查看车顶左后侧，漆面颜色一致，无损伤划痕，漆面饱满。

12. 检查后风窗玻璃左侧

杨帆查看后风窗玻璃左侧，无破损、更换及修复的痕迹。

13. 检查左后翼子板

杨帆查看左后翼子板与接触件之间间隙均匀一致。

流程五：检查车尾部分

1. 检查行李舱盖

（1）杨帆打开行李舱盖，感受舱盖开启无卡滞，查看盖锁无变形、损坏。

（2）杨帆查看铰链连接螺栓无扳手痕迹且为原厂。

（3）杨帆用手按压边缘封胶，软硬程度、老化程度一致。

（4）杨帆关闭行李舱盖，关闭过程正常，查看对比行李舱盖两侧与同侧尾灯总成及后翼子板缝隙，缝隙大小基本一致，见图 2-2-11。

（5）杨帆查看行李舱盖与后保险杠之间缝隙均匀一致，见图 2-2-12。

（续）

前照灯总成与接触件缝隙不均	前照灯存在水雾

灯罩老化	后视镜损坏

左前车门色差	密封条老化
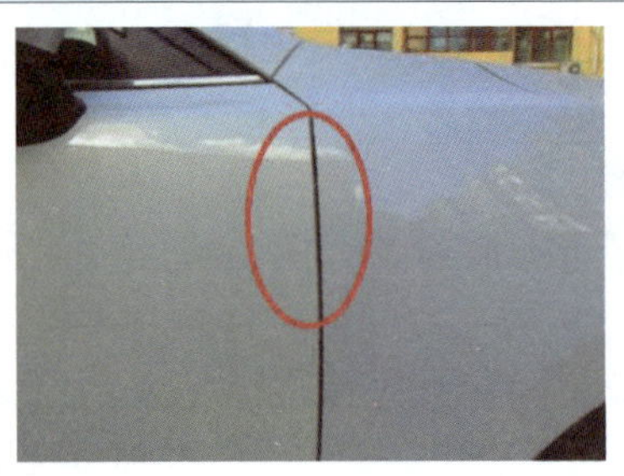	

公正是第三方鉴定最大的责任。

图 2-2-11　行李舱盖与尾灯总成缝隙

图 2-2-12　行李舱盖与保险杠间缝隙

2. 检查后尾灯

（1）鉴定评估师杨帆指派高尚到车内打开车灯开关，踩下制动踏板，挂上倒挡，杨帆在车后观察左、右尾灯灯光齐全，用手晃动两侧灯体无松动，查看灯罩表面无明显划痕、破损、水雾。

（2）杨帆查看对比左、右两侧尾灯总成与前保险杠及后翼子板之间缝隙大小基本一致，见图 2-2-13。

3. 后保险杠

杨帆查看后保险杠，无色差、变形、损坏，见图 2-2-14。

图 2-2-13　后尾灯

图 2-2-14　后保险杠

前后车门间隙不均	底槛锈蚀
翼子板内缘锈蚀	后围板锈蚀
行李舱重新打胶	后保险杠刷蹭

学习笔记

流程六：检查右侧车身部分

杨帆按照检查左侧车身部分的同样方法检查右侧车身，检查顺序与左侧相反。

流程七：填写车身外观检查作业表

（1）鉴定评估师助理高尚在鉴定评估师杨帆检查过程中，及时将检查结果记录到车身外观检查作业表中。

（2）杨帆检查车身外观，检查作业结束后，仔细核对高尚拍摄的缺陷部位照片记录与缺陷描述一致，车身外观检查作业表缺陷填写无误。

（3）杨帆根据记录的缺陷描述，根据检查部位缺陷进行扣分，并记录在车身外观检查作业表中，见图 2-2-15。

<table>
<tr><th>序号</th><th>车身检查</th><th>扣分</th><th>缺陷描述</th></tr>
<tr><td>14</td><td>发动机舱盖表</td><td>0</td><td rowspan="5">划痕 HH
变形 BX
锈蚀 XS
裂纹 LW
凹陷 LW
修复痕迹 XF</td></tr>
<tr><td>15</td><td>左前翼子板</td><td>1</td></tr>
<tr><td>16</td><td>左后翼子板</td><td>0</td></tr>
<tr><td>17</td><td>右前翼子板</td><td>0</td></tr>
<tr><td>18</td><td>左后翼子板</td><td>0</td></tr>
<tr><td>19</td><td>左前车门</td><td>0</td><td>缺陷程度</td></tr>
<tr><td>20</td><td>左后车门</td><td>0</td><td rowspan="8">1—面积 $\leqslant$（100 × 100）mm²
2—（100 × 100）mm² $<$ 面积 $\leqslant$（200 × 300）mm²
3—面积 $>$（200 × 300）mm²
4—轮胎花纹深度 $<$ 1.6 mm</td></tr>
<tr><td>21</td><td>右前车门</td><td>0</td></tr>
<tr><td>22</td><td>右后车门</td><td>0</td></tr>
<tr><td>23</td><td>行李舱盖</td><td>0</td></tr>
<tr><td>24</td><td>行李箱内侧</td><td>0</td></tr>
<tr><td>25</td><td>车顶</td><td>0</td></tr>
<tr><td>26</td><td>前保险杠</td><td>0</td></tr>
<tr><td>27</td><td>后保险杠</td><td>0</td></tr>
<tr><td>28</td><td>左前轮</td><td>0</td><td>缺陷描述</td></tr>
<tr><td>29</td><td>左后轮</td><td>0</td><td rowspan="12">15XF3
32XF3
37HHI</td></tr>
<tr><td>30</td><td>右前轮</td><td>0</td></tr>
<tr><td>31</td><td>左后轮</td><td>0</td></tr>
<tr><td>32</td><td>前大灯</td><td>1</td></tr>
<tr><td>33</td><td>后尾灯</td><td>0</td></tr>
<tr><td>34</td><td>前风窗玻璃</td><td>0</td></tr>
<tr><td>35</td><td>后风窗玻璃</td><td>0</td></tr>
<tr><td>36</td><td>四门车窗玻璃</td><td>0</td></tr>
<tr><td>37</td><td>左后视镜</td><td>0.5</td></tr>
<tr><td>38</td><td>右后视镜</td><td>0</td></tr>
<tr><td>39</td><td>其他项目</td><td>0</td></tr>
<tr><td colspan="2">其他项目</td><td></td></tr>
<tr><td colspan="2">鉴定科目</td><td>鉴定结果（得分）</td><td>缺陷描述</td></tr>
<tr><td colspan="2">车身外观</td><td>17.5</td><td>左前翼子板更换，内缘修复；左前大灯更换；左后视镜有漆雾</td></tr>
</table>

图 2-2-15　车身外观作业表示例

程度填写要求

程度	缺陷面积
1	• 面积 $\leqslant$（100 × 100）m²
2	•（100 × 100）m² $<$ 面积 $\leqslant$（200 × 300）m²
3	• 面积 $>$（200 × 300）m²
4	• 轮胎花纹深度 $<$1.6 mm

扣分填写要求

- 程度为 1 的扣 0.5 分；
- 每增加 1 个程度加扣 0.5 分；
- 轮胎花纹高于程度 4 标准，不符合标准时扣 1 分；
- 总分共计 20 分，扣完为止

缺陷描述填写要求

方式	• 车身部位代码 + 状态 + 程度
举例	• 21XS2 对应描述：右前车门有锈蚀，面积为大于（100 × 100）mm²，但小于或等于（200 × 300）mm²

公正是第三方鉴定最大的责任。

任务测评

一、知识测评

确定本任务关键词，按重要程度进行关键词排序并举例解读。

根据自己对重要信息捕捉、排序、表达、创新和划分权重能力进行自评，见表 2-2-2，满分 100 分。

表 2-2-2　检查车身外观知识测评表

序号	关键词	举例解读	评分自定
1			
2			
3			
4			
5			
总分			

二、能力测评

对表 2-2-3 所列内容，操作规范即得分，操作错误或未操作即零分。

表 2-2-3　检查车身外观能力测评表

序号	能力点	配分	得分
1	能够说明外观受损检查流程	20	
2	能够进行车辆外观检查	20	
3	能够进行钣金件检查	20	
4	能够评定各部位受损情况	20	
5	能够正确填写车身外观检查作业表	20	
总分		100	

三、素养测评

对表 2-2-4 所列素养点，做到即得分，未做到即零分。

表 2-2-4　检查车身外观素养测评表

序号	素养点	配分	得分
1	安全作业，无安全隐患	20	
2	保护环境，无乱扔乱倒	20	
3	行为规范，无不当行为	20	
4	团队协作，无不洽关系	20	
5	场地“5S”	20	
总分		100	

四、拓展训练

（1）请说出车身外观的检查项目。（满分 25 分）

（2）请说明车身左侧、右侧检查顺序。（满分 25 分）。

（3）请按下列思维导图格式（见图 2-2-16），对检查车身外观的学习收获进行总结，结合车身外观的检查过程，说一说哪些检查内容让你体会到了“责任感”。（满分 50 分）

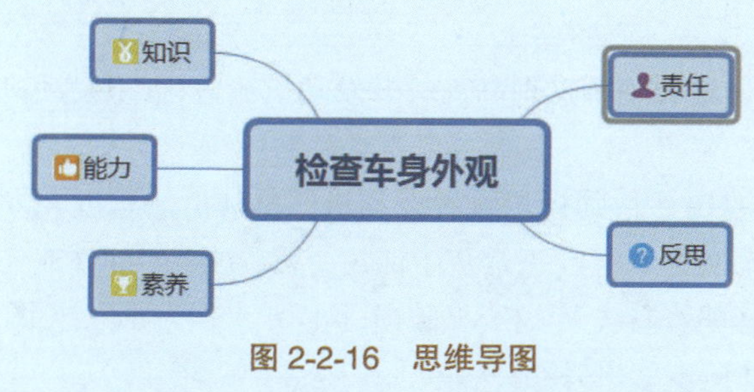

图 2-2-16　思维导图

学习笔记

任务三　检查发动机舱

职业行动

流程一：工作准备

1. 工作地点

二手车鉴定评估作业场地。

2. 工作设施

2018 款红旗 H5 智联享动车型碰撞事故车、套筒扳手组合套具、漆膜仪、手电筒、卷尺，如表 2-3-1 所示。

表 2-3-1　工具设备

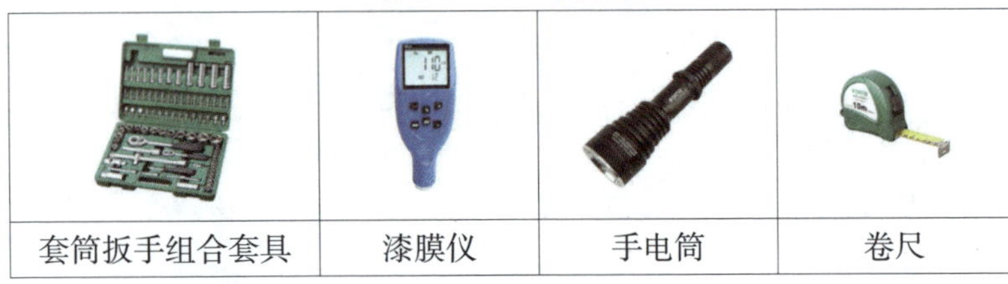

套筒扳手组合套具	漆膜仪	手电筒	卷尺

3. 工作用品

二手车鉴定评估作业表、写字板、抹布、签字笔。

流程二：检查发动机舱清洁状况

1. 检查发动机舱整体

（1）鉴定评估师助理高尚打开发动机舱盖，拆下发动机舱罩，见图 2-3-1。

（2）鉴定评估师杨帆查看发动机舱整体清洁程度，发动机舱维护程度较好，有存在正常灰尘油污，无锈蚀、零部件缺失损坏。

（3）杨帆查看线束无松动、破损，且固定卡扣为原厂，见图 2-3-2。

2. 检查发动机外部

职业知识

工具设备及其功能

工具设备	功能
二手车鉴定评估作业表	记录车身外观检查结果
手电筒	查看视线不清部位
漆膜仪	检查漆面厚度
套筒扳手组合套具	拆装检查部位遮挡物
卷尺	测量距离
抹布	擦干净要检查的零部件

发动机舱清洁状况检查要求

发动机舱整体清洁状况	• 存在正常灰尘油污； • 无锈蚀； • 零部件无缺失； • 整洁程度应与使用环境及使用程度一致； • 发动机舱内不能特别干净，有一定灰尘
发动机外部清洁状况	• 无油污； • 无零部件缺失、损坏； • 管路无松动； • 线束无松动； • 清洁程度应与车辆使用程度一致； • 气缸垫及密封垫应无更换

2-5

检查发动机舱

失去了诚信，就等同于敌人毁灭了自己。

学习笔记

杨帆查看发动机表面并开启手电筒照射发动机下方，观察无油污、锈蚀、零部件缺失、损坏，管路、线束无松动。

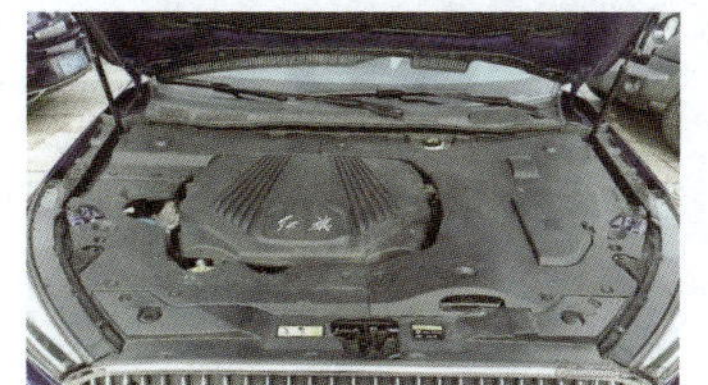

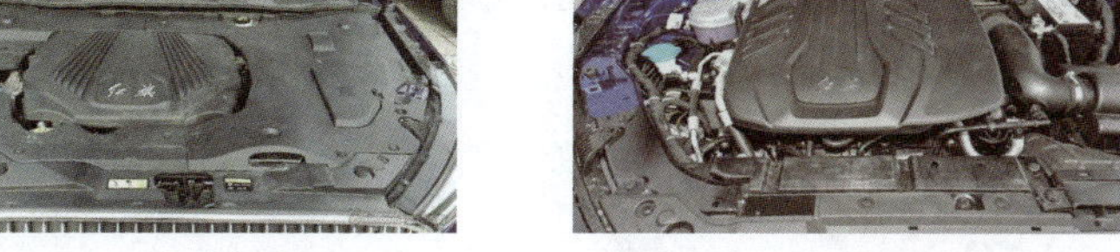

图 2-3-1　发动机舱罩　　图 2-3-2　发动机舱线束

流程三：检查发动机舱前部

1. 检查前翼子板内缘

（1）鉴定评估师杨帆用手电筒照射发动机舱左侧，查看发现左前翼子板内缘有修复痕迹，告知鉴定评估师助理高尚拍照并记录，见图 2-3-3。

（2）杨帆用手电筒照射发动机舱右侧，查看右翼子板内侧，查看右前翼子板内缘无修复痕迹。

2. 检查水箱框架

（1）杨帆查看观察水箱框架无变形、损坏、修复痕迹及更换痕迹。

（2）杨帆查看水箱框架固定螺栓无扳手拆卸、更换痕迹且为原厂。

（3）杨帆查看水箱框架上存在冷却液及空调警示标识且为原厂，见图 2-3-4。

3. 检查横拉梁

杨帆用手电筒照发动机舱下方，查看横拉梁无凹陷修复痕迹。

（续）

发动机舱整备前	发动机舱整备后
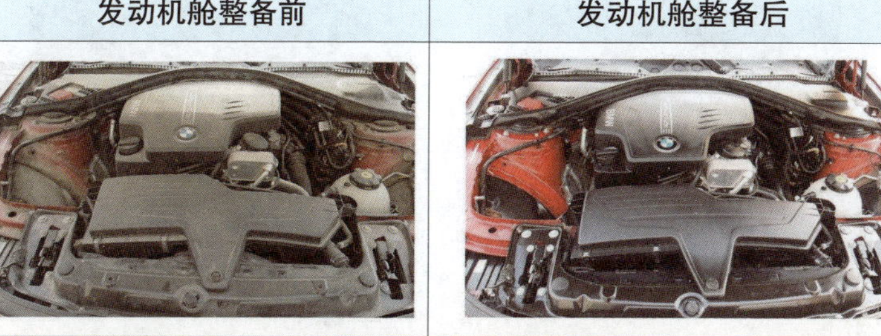	

发动机舱前部检查要求	
前翼子板内缘	• 翼子板内缘无修复； • 翼子板内缘固定螺栓无扳手拆装、更换痕迹且为原厂
水箱框架	• 水箱框架无变形、损坏、修复痕迹及更换痕迹； • 水箱框架固定螺栓无扳手痕迹、更换痕迹且为原厂； • 水箱框架上存在冷却液及空调警示标识且为原厂
横拉梁	• 横拉梁无凹陷修复痕迹及更换痕迹
散热器格栅	• 散热器格栅无破损； • 散热器无更换痕迹； • 散热器固定螺栓无扳手拆装、更换痕迹且为原厂

发动机冷却系统的检查要求	
冷却液	• 冷却液量在正常范围之内； • 冷却液中无悬浮的残渣； • 小水壶底部无黑色物质； • 冷却液颜色为浅绿色或者粉红色； • 冷却液中不应闻到汽油或者机油味

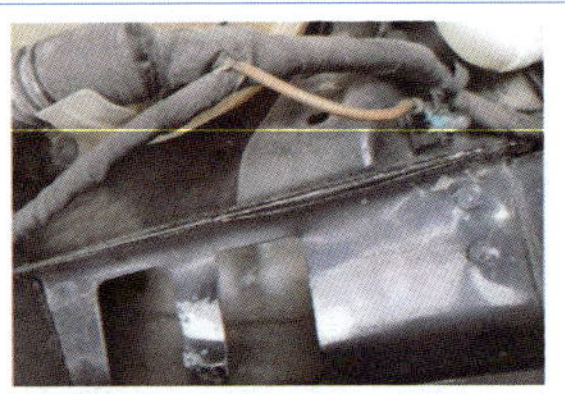
图 2-3-3　翼子板内缘修复

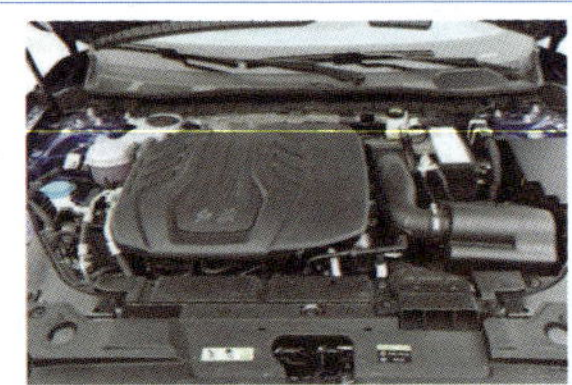
图 2-3-4　水箱框架

4. 检查散热器格栅

杨帆站在车前蹲下，查看散热器格栅无破损、更换痕迹，固定螺栓为原厂，见图 2-3-5。

流程四：检查发动机冷却系统

1. 检查冷却液

（1）杨帆查看补水小水壶的冷却液量在正常范围之内，见图 2-3-6。

图 2-3-5　散热器格栅

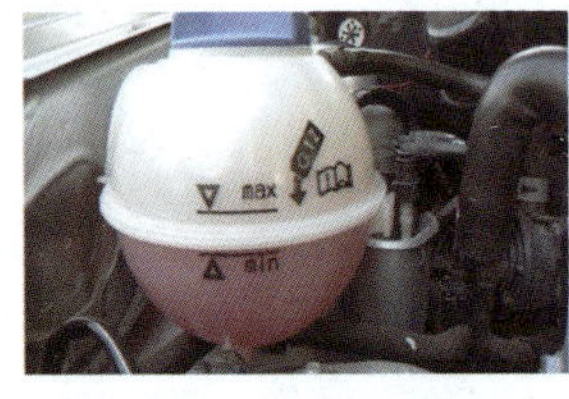

图 2-3-6　补水小水壶

（2）杨帆打开补水小水壶壶盖，查看冷却液颜色为粉红色且无杂质。

（3）杨帆低头闻冷却液中无汽油味或者机油味，杨帆拧紧壶盖。

2. 检查散热器芯子

（1）杨帆查看散热器整体与散热片为同一颜色，未出现整体褪色或者潮湿现象。

（续）

散热器	• 散热器芯子与散热片为同一颜色； • 散热器无泄漏或者堵塞； • 散热器芯子不应呈现紫暗绿色； • 散热器盖无锈蚀、水垢
水管	• 现代车辆软管可使用 1.6×10^4 km 以上； • 水管无老化、开裂、发脆、变形及局部隆起； • 接头部位无渗漏； • 铁管部位无锈蚀
散热风扇	• 扇叶不应变形； • 扇叶不应卡滞； • 扇叶不应损坏
发动机润滑系统检查要求	
机油口盖	• 机油口盖底面不应有黏稠的浅棕色巧克力乳状物； • 不应有油与油污混合的小液滴
机油质量	• 机油中不应存在黑点或者较多的沥青及炭粒
机油气味	• 机油不应有汽油味
机油尺	• 机油尺不应有水滴； • 机油尺不应有污垢或者金属粒； • 机油尺不应变色
机油液位	• 机油液位应在上下刻度线之间
机油滤清器	• 机油滤清器外部不应破损； • 机油滤清器不应有泄漏； • 机油滤清器外部不应有油污

（2）杨帆查看散热器外部无损伤、泄漏及污物。

（3）杨帆打开散热器盖，查看散热器盖和内部无锈蚀、水垢，将散热器盖装回。

3. 检查散热水管

（1）杨帆用手按压软管，查看软管外部光洁，无老化、开裂、发脆、变形及局部隆起等现象。

（2）杨帆用手电筒照射水管各接头部位，查看无冷却液渗漏。

（3）杨帆查看铁管无锈蚀。

4. 检查散热风扇

（1）杨帆用手电筒照射散热风扇扇叶，查看无变形、损坏。

（2）杨帆用手转动扇叶，感受无卡滞感。

流程五：检查发动机润滑系统

1. 检查机油口盖

（1）杨帆拧下机油口盖，查看机油口盖无巧克力棕色乳状物。

（2）杨帆查看机油口盖机油质量，无油与油污混合的小液滴，见图 2-3-7。

2. 检查机油质量

（1）杨帆拔出机油尺，将一滴机油滴在高尚准备好的滤纸上。

（2）杨帆观察机油扩散度为一级，机油中未见黑色颗粒物质，机油质量良好。

3. 检查机油气味

杨帆闻一下机油尺，机油无异味。

4. 检查机油尺

杨帆查看机油尺，无水滴、污垢、金属粒，机油尺未变色，将机油尺放回原位，见图 2-3-8。

（续）

机油泄漏	• 发动机罩、气缸垫、油底壳、曲轴前后油封、放油螺栓、机油滤清器、机油压力感应塞不应有泄漏
发动机点火系统检查要求	
蓄电池	• 标牌标注首次出售时间应与车辆出厂时间相近； • 蓄电池放电能力应正常； • 托架与安装箱不应被腐蚀； • 压紧装置应为原厂
高压线	• 外观应整洁、布线整齐且与出厂一致； • 外观应无裂纹、烧焦及损伤； • 电阻值应在正常范围之内，且无漏电
火花塞	• 间隙在正常范围之内； • 无积炭； • 无油渍； • 电极中心无烧蚀； • 绝缘体未破裂； • 成套更换
点火线圈	• 外壳无破裂； • 端子未烧蚀； • 线圈电阻在正常范围之内
发动机供油系统检查要求	
燃油泄漏	• 不应闻到燃油味道； • 发动机周围不应有油污
燃油管路	• 发动机舱内燃油进油管、回油管均无破损、老化、泄漏

学习笔记

学习笔记

图 2-3-7　机油口盖

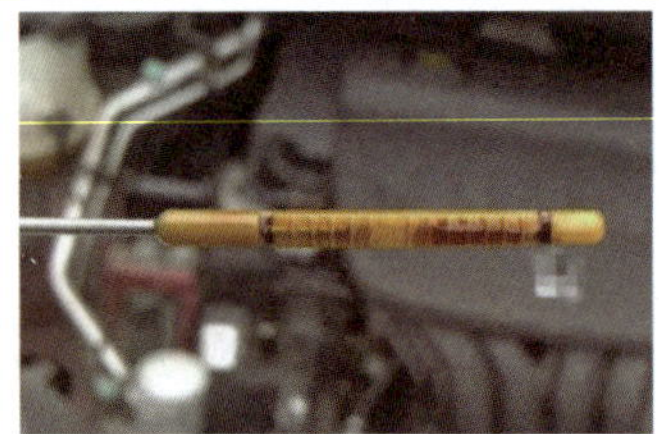

图 2-3-8　机油尺

5. 检查机油液位

杨帆拔出机油尺，查看机油液位在机油尺在正常范围之内。

6. 检查机油滤清器

杨帆用手电筒照射机油滤清器，外观无破损、泄漏及油污。

7. 检查机油泄漏

杨帆用手电筒照射发动机，查看发动机气门室罩、气缸垫、油底壳、曲轴前后油封、放油螺栓、机油滤清器、机油压力感应塞无泄漏，见图 2-3-9。

流程六：检查发动机点火系统

1. 检查蓄电池

（1）杨帆查看蓄电池及蓄电池标牌，均为原厂，见图 2-3-10。

图 2-3-9　发动机无泄漏

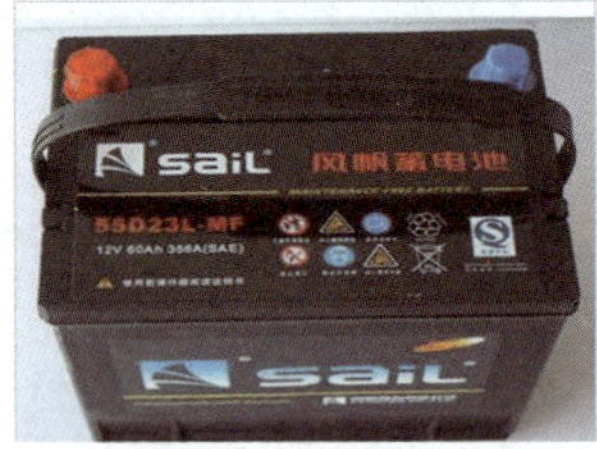

图 2-3-10　蓄电池

（2）杨帆使用蓄电池测试仪检测蓄电池，仪器屏幕显示“电池良好”。

（3）杨帆查看蓄电池表面、托架与安装箱无腐蚀，且为原厂。

发动机进气系统检查要求	
进气软管	• 波纹管不应老化、变形、变硬或者烧蚀损坏； • 波纹管不应过于清洁光亮
真空软管	• 软管不应损坏、老化、失去弹性； • 软管布置应与出厂一致； • 软管损坏，更换全部软管
空气滤清器	• 滤芯脏污程度应与更换频率及工作环境一致
节气门	• 节气门开关应顺畅、无卡滞、无积炭

发动机机体附件检查方法	
发动机支架	• 支脚架不应有破裂； • 减振垫不应破损老化
正时带	• 正时带不应存在裂纹； • 正时带寿命为 10 万 km
传动带与调整装置	• 各传动带不应开裂、松动、过紧； • 调整装置不应松动； • 螺栓紧固情况正常

发动机舱其他部件检查方法	
制动主缸	• 制动主缸不应锈蚀； • 制动主缸不应变色
制动液	• 制动液颜色清晰、透明、无杂质； • 制动液质量检测在合格范围之内； • 制动液液面在上下限之间
继电器盒	• 继电器型号、位置应与继电器盒盖的图片相同； • 熔丝型号、位置应与继电器盒盖的图片一致

失去了诚信，就等同于敌人毁灭了自己。

学习笔记

2. 检查高压线

图 2-3-11　发动机传动带

（1）杨帆查看高压线外观整洁、布线整齐且与出厂一致，见图 2-3-11。

（2）杨帆查看每根高压线均无裂纹、烧焦及损伤。

3. 检查点火线圈

杨帆拆下每个点火线圈，查看点火线圈外壳均无破裂，端子未被腐蚀。

4. 检查火花塞

（1）杨帆逐一拆下火花塞，查看间隙均正常、无积炭、无油渍、电极中心无烧蚀，绝缘体无裂纹。

（2）检查后，高尚将火花塞、点火线圈装回原位。

流程七：检查发动机供油系统

1. 检查燃油泄漏

杨帆俯下闻发动机附近无汽油味，查看发动机周围无油污。

2. 检查燃油管路

杨帆查看发动机舱内燃油进油管、回油管均无破损、老化、泄漏。

流程八：检查发动机进气系统

1. 检查进气软管

（1）杨帆检查波纹管无老化、变形、变硬、损坏。

（2）杨帆查看波纹管并未过于光亮清洁。

2. 检查真空管

杨帆查看真空管无老化，接头无破裂，管路无更换痕迹。

3. 检查空气滤清器

杨帆打开空气滤清器盖，查看滤芯较脏，告知鉴定评估师助理高尚记录并拍照。

（续）

线束	• 线束保护层不应破损； • 线束不应破损、裸露； • 车辆出厂，线束应固定在同样导线夹中； • 线束不应由非标准胶带包裹； • 线束不应有外接导线； • 线束布置应与出厂一致
发动机铭牌	• 发动机型号应与实车参数一致； • 发动机最大净功率应与实车参数一致； • 发动机排量应与实车参数一致； • 生产年月与实车大架号显示的年份一致； • 铭牌应为原厂

发动机舱常见现象

冷却液变质	散热器泄漏

失去了诚信，就等同于敌人毁灭了自己。

学习笔记

4. 检查节气门

高尚拆下进气管，杨帆查看节气门无积炭，关闭正常。

流程九：检查发动机机体附件

1. 检查发动机支架

杨帆用手电筒照射发动机舱底部，查看发动机支架减振垫无裂纹。

2. 检查正时带

杨帆用手电筒照射发动机右侧，查看正时带无裂纹、老化、起层，见图 2-3-11。

3. 检查传动带与调整装置

（1）杨帆查看传动带无开裂、过紧、过松。

（2）杨帆用手晃动调整装置无松动，固定螺栓无扳手痕迹且为原厂。

流程十：检查发动机舱其他部件

1. 检查制动主缸

杨帆查看制动主缸无锈蚀、变色。

2. 检查制动液

（1）杨帆打开制动液壶盖，查看制动液内无杂质。

（2）杨帆使用制动液检测仪测试制动液，检测仪指示灯显示绿色，制动液质量合格，见图 2-3-12。

图 2-3-12　制动液检测

（续）

散热器生锈水垢	水管老化 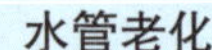

散热风扇卡滞	机油口盖机油乳化

机油质量良好扩散图	机油氧化变质扩散图
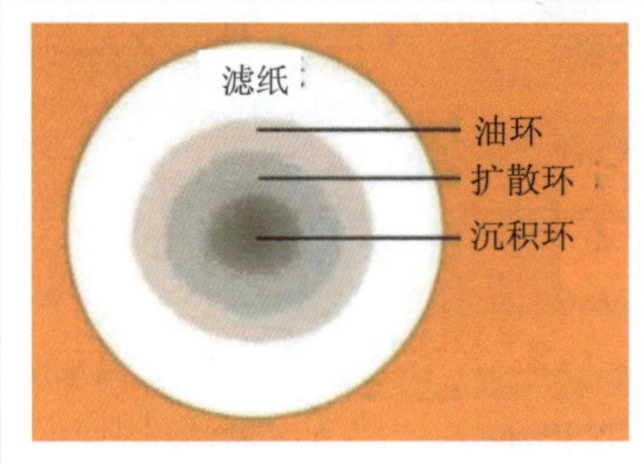	

失去了诚信，就等同于敌人毁灭了自己。

学习笔记

3. 检查继电器盒

（1）杨帆打开继电器盒，查看继电器盒盖内标注继电器型号、位置与实际型号、位置一致，见图 2-3-13。

（2）杨帆查看保险型号、位置与继电器盒内保险实际型号、位置一致。

4. 检查线束

杨帆查看所有线束保护层均无破损，线束无破损，固定卡扣无破损且为原厂。

5. 发动机铭牌

（1）杨帆查看发动机铭牌上显示的发动机型号、发动机最大净功率、发动机排量与实车参数信息一致。

（2）杨帆查看发动机铭牌上显示的生产年月与实车大架号显示的年份一致。

（3）杨帆查看发动机铭牌为原厂，见图 2-3-14。

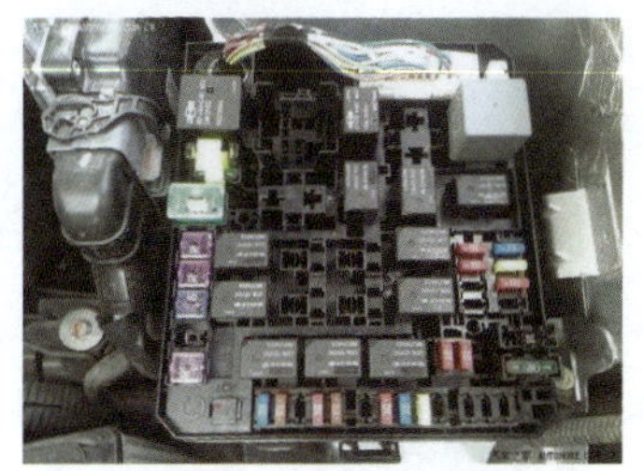

图 2-3-13　保险盒

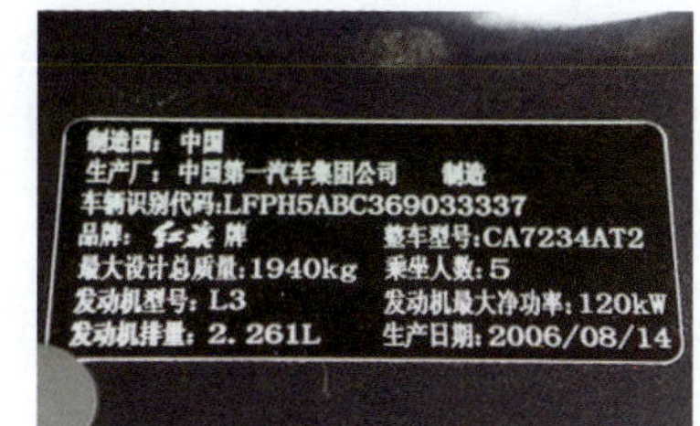

图 2-3-14　发动机铭牌

（续）

机油泄漏	火花塞积炭

发动机支架过新	非原厂线束卡扣

节气门关闭不严	正时带老化

学习笔记

流程十一：填写发动机舱检查作业表

（1）鉴定评估师助理高尚在鉴定评估师杨帆检查过程中，及时将检查结果记录到车身外观检查作业表中。

（2）杨帆检查发动机舱作业结束后，仔细核对高尚拍摄的缺陷部位照片记录与缺陷描述一致，发动机舱检查作业表缺陷填写无误。

（3）杨帆根据记录的缺陷描述，根据检查部位缺陷进行扣分，并记录在发动机舱检查作业表中，见图 2-3-15。

发动机舱检查作业表

序号	检查项目	A	B	C	扣分
40	机油有无冷却液混入	无	轻微	严重	0
41	缸盖外是否有机油渗漏	无	轻微	严重	0
42	前翼子板内缘、水箱框架、横拉梁有无凹凸或修复痕迹	无	轻微	严重	3
43	散热器格栅有无破损	无	轻微	严重	0
44	蓄电池电极极柱有无腐蚀	无	轻微	严重	0
45	蓄电池电解液有无渗漏、缺少	无	轻微	严重	0
46	发动机传动有无老化	无	轻微	严重	0
47	油管、水管有无老化、裂痕	无	轻微	严重	0
48	结束有无老化、破损	无	轻微	严重	0
49	其他	只描述缺陷，不扣分			0
鉴定科目	鉴定结果（得分）		缺陷描述		
发动机舱	17		左侧翼子板内缘修复		

图 2-3-15　发动机舱检查作业表示例

扣分填写要求

- 选择 A 不扣分；
- 第 40 项选择 B 或 C 扣 15 分；
- 第 41 项选择 B 或 C 扣 5 分；
- 第 44 项选择 B 扣 2 分，选择 C 扣 4 分；
- 其余各项选择 B 扣 1.5 分，选择 C 扣 3 分；
- 总分共计 20 分，扣完为止

缺陷描述要求

- 记录缺陷部位名称；
- 清楚描述缺陷现象

失去了诚信，就等同于敌人毁灭了自己。

学习笔记

任务测评

一、知识测评

确定本任务关键词，按重要程度进行关键词排序并举例解读。

根据自己对重要信息捕捉、排序、表达、创新和划分权重能力进行自评，见表 2-3-2，满分 100 分。

表 2-3-2　检查发动机舱知识测评表

序号	关键词	举例解读	评分自定
1			
2			
3			
4			
5			
总分			

二、能力测评

对表 2-3-3 所列内容，操作规范即得分，操作错误或未操作即零分。

表 2-3-3　检查发动机舱能力测评表

序号	能力点	配分	得分
1	能够对水箱及水箱支架、小水壶进行检查	20	
2	能够对前纵梁区、防火墙进行检查	20	
3	能够对蓄电池、熔丝丝盒、进气系统进行检查	20	
4	能够对避震支座、发动机总成及附件进行检查	20	
5	能够对刮水器水壶、变速器总成及管路接头进行检查	20	
总分		100	

三、素养测评

对表 2-3-4 所列素养点，做到即得分，未做到即零分。

表 2-3-4　检查发动机舱素养测评表

序号	素养点	配分	得分
1	安全作业，无安全隐患	20	
2	保护环境，无乱扔乱倒	20	
3	行为规范，无不当行为	20	
4	团队协作，无不洽关系	20	
5	场地“5S”	20	
总分		100	

四、拓展训练

（1）请说明发动机清洁的检查注意要点。（满分 25 分）

（2）请说明发动机铭牌信息检查要点。（满分 25 分）

（3）请按下列思维导图格式（见图 2-3-16），对检查发动机舱的学习收获进行总结，结合发动机舱检查过程，数一数一共检查了多少项？少检查一项行不行？除已经检查的项目，是不是还有应该检查的项目，如果有，但未列到检查项目中，你如何认识这个问题，将你的理解总结成一个词，填到空格中。（满分 50 分）

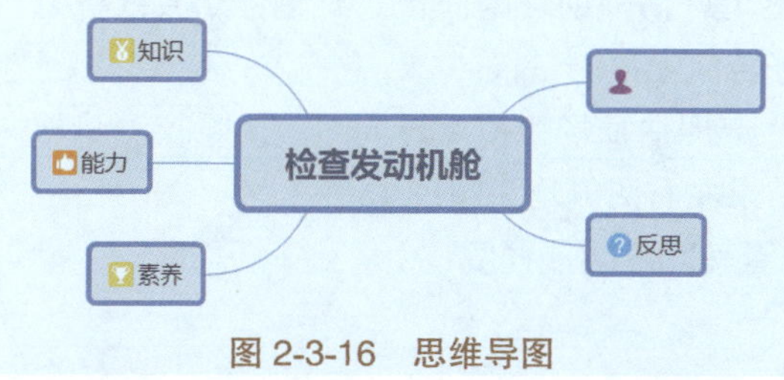

图 2-3-16　思维导图

学习笔记

任务四　检查驾驶舱

职业行动

流程一：工作准备

1. 工作地点

二手车鉴定评估作业场地。

2. 工作设施

2018 款红旗 H5 智联享动车型碰撞事故车、套筒扳手组合套具、漆膜仪、手电筒、卷尺，见表 2-4-1。

表 2-4-1　工具设备

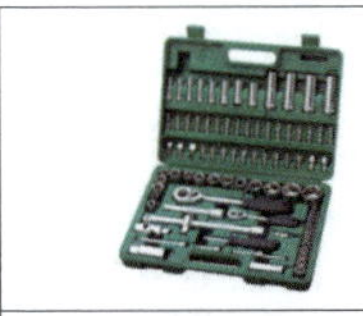			
套筒扳手组合套具	漆膜仪	手电筒	卷尺

3. 工作用品

二手车鉴定评估作业表、写字板、抹布、签字笔。

流程二：检查操纵机构

1. 检查转向盘自由行程

（1）鉴定评估师助理高尚检查车辆停于直线位置，并在转向盘上安装好转向参数测量仪。

（2）鉴定评估师杨帆使用转向参数测量仪测量转向盘自由行程，测量结果左右两侧均为超过 15°　。

2. 检查转向盘磨损程度

2-6

车辆驾驶舱检查

2-7

驾驶舱防护操作

职业知识

工具设备及其功能

工具设备	功能
二手车鉴定评估作业表	记录驾驶舱检查结果
手电筒	查看驾驶舱不清楚部分
漆膜仪	检查漆面厚度
套筒扳手组合套具	拆装检查部位遮挡物
卷尺	测量距离
抹布	擦干净要检查的零部件

操纵机构检查要求

项目	要求
转向盘自由行程	• 自由行程不超过 ±15°
转向盘磨损程度	• 转向盘磨损程度应与车辆行驶公里数或者车龄相符； • 包裹接缝处均匀； • 无拆装痕迹
转向盘松旷程度	• 转向盘不应有有明显松旷感
驻车制动操纵杆、操纵按钮	• 驻车制动操纵杆 / 操纵按钮出现磨损程度应与车龄或者车辆使用程度相符； • 解除驻车制动，车辆应正常行驶； • 电子手制动，变速器操纵杆挂入 D 挡，踩下加速踏板驻车制动应自动解除； • 踩下制动踏板，按下驻车制动按钮应能解除驻车制动

（1）杨帆坐进主驾驶位置，查看转向盘表面无明显损坏，磨损程度与车辆使用一致。

（2）杨帆观察转向盘包裹处接缝均匀。

（3）杨帆查看转向盘整体无拆装痕迹。

3. 检查转向盘松旷程度

杨帆握住转向盘上下、左右、前后方向进行推拉与摇动，无明显松旷。

4. 检查驻车制动操纵按钮

（1）杨帆查看电子手制动按钮，无明显磨损，磨损程度与整车使用程度一致，见图 2-4-1。

（2）杨帆按下电子手制动按钮，又抬起电子手制动按钮，按钮灵活且车辆驻车制动正常，驻车指示灯亮起。

5. 检查变速器操纵杆

（1）杨帆查看变速器操纵杆表面和防护罩无破损、开裂，无明显磨损。磨损程度与整车使用程度一致，见图 2-4-2。

（2）杨帆将变速器操纵杆依次移动到 R 挡、N 挡、D 挡、S 挡、M 挡均灵活无卡滞，变速器操纵杆移动回 P 挡灵活无卡滞。

（3）杨帆查看变速器操纵杆缝隙无异物。

图 2-4-1　电子手制动按钮

图 2-4-2　变速器操纵杆

（续）

变速器操纵杆	• 变速器操纵杆表面和防护罩不应出现破损、开裂，磨损程度应与车龄或者行驶公里数相符； • 各挡位应换挡灵活无卡滞； • 变速器操纵杆缝隙应无杂物

操纵机构常见现象

转向盘自由行程超过 15°	转向盘磨损严重
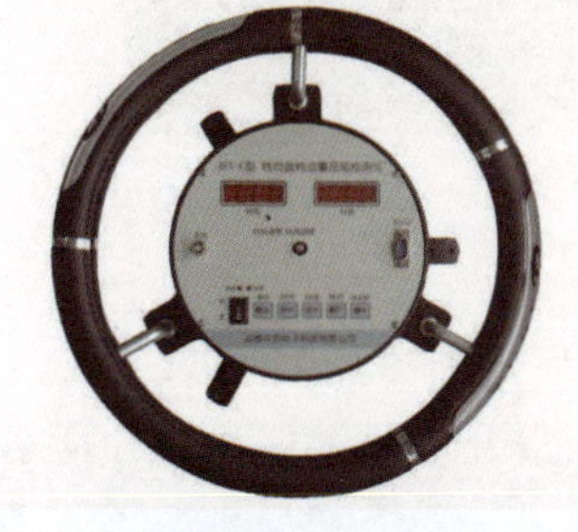	
驻车制动磨损严重	变速器操纵杆磨损严重
	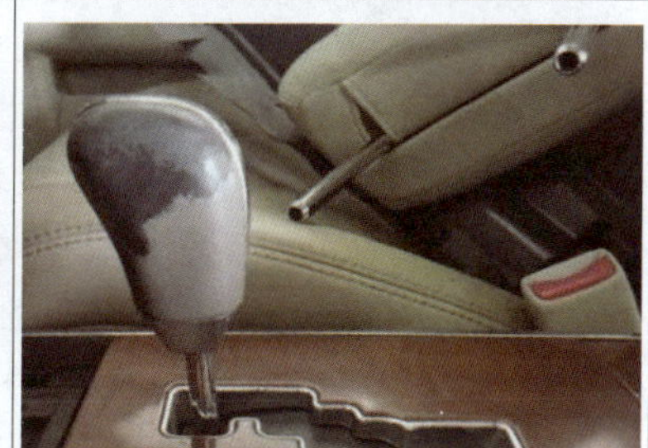

学习笔记

学习笔记

流程三：检查中控台

1. 检查仪表板外观

（1）杨帆查看仪表板外表面无明显磨损、划痕、色差。

（2）杨帆查看仪表板连接部位，无拆装、更换痕迹，见图 2-4-3。

图 2-4-3　仪表板外观

2. 检查各类开关

（1）杨帆查看灯光开关，分别调整到示宽灯开关、近光灯开关、自动灯光开关位置，车灯均正常开启，仪表盘上各指示灯符号均正常亮起，见图 2-4-4。

（2）杨帆开启远光灯开关，远光灯亮起，仪表盘远光灯指示灯亮起。

（3）杨帆查看刮水器开关，分别调整到间歇模式、自动模式、1 挡、2 挡位置，刮水器均正常模式工作。

（4）杨帆按下喇叭，车外喇叭声音明显清晰。

（5）杨帆触控彩色液晶屏，能够开启收音机。

3. 检查仪表盘

（1）杨帆查看燃油表、车速里程表、转速表、水温表显示正常。

（2）杨帆按下车辆启动开关，查看发动机故障灯、自动变速器故障灯、ABS 故障灯亮起后，自动熄灭，车辆这几种故障灯正常。

（3）杨帆已查看灯光开关及驻车制动时，指示灯均正常亮起。

中控台检查要求

项目	要求
仪表板外观	• 仪表板外观不应有磨损、划痕及色差； • 连接部位应无拆装、更换的痕迹； • 老化程度应与车龄及车辆使用程度相符
各类开关	• 灯光开关功能应正常，未失效； • 刮水器开关功能应正常，未失效； • 车外喇叭声音明显清晰； • 音响娱乐设施开关功能正常，未失效； • 各类开关磨损程度应与车龄及车辆使用程度相符
仪表盘	• 燃油表、车速里程表、转速表、水温表等应显示正常； • 打开点火开关后，故障灯等应亮起后，自动熄灭； • 近光指示灯、远光指示灯、转向指示灯、驻车制动灯在各灯光开启状态下应正常亮起
储物箱	• 储物箱不应存在大量灰尘，更不应出现泥沙； • 储物箱开关功能应正常、顺畅

中控台常见损伤及故障现象

仪表板划痕	仪表盘指示灯、故障灯

人生在勤，不索何获。

学习笔记

4. 检查储物箱

（1）杨帆打开储物箱，顺畅无卡滞感受，见图 2-4-5。

（2）杨帆查看储物箱内较整洁，无泥沙残留。

（3）杨帆关闭储物箱，顺畅无卡滞感受。

图 2-4-4　仪表盘

图 2-4-5　储物箱

流程四：检查电器设备

1. 检查玻璃升降器

（1）杨帆轻按主驾驶车门上各车窗升降按钮，查看每个车窗均能落下，见图 2-4-6。

（2）杨帆轻抬主驾驶车门上各车窗升降按钮，查看每个车窗均能升起。

（3）杨帆用力按下主驾驶车门上各车窗升降按钮，查看每个车窗均能一键落下，无卡滞、无力、异响现象。

（4）杨帆用力抬起主驾驶车门上各车窗升降按钮，查看每个车窗均能一键升起，无卡滞、无力、异响现象。

（5）杨帆在查看各玻璃升降开关无明显磨损。

2. 检查后视镜

（1）杨帆按下后视镜调节按钮，调整后视镜上下、左右方向，查看电动调节功能正常，见图 2-4-7。

电气设备检查要求

项目	要求
玻璃升降器	• 玻璃升降器应工作顺畅、无卡滞、无异响，工作正常； • 玻璃升降器开关磨损程度应与车龄及车辆使用程度相符
后视镜	• 后视镜上下、左右方向调节功能应正常； • 电动折叠功能应正常； • 锁车自动折叠功能应正常； • 后视镜加热功能应有热感
门锁	• 车外、车内门把手应能够打开相应门锁； • 按下上锁按钮，全车应全部落锁； • 自动落锁功能应正常
电源接口	• 电源、USB 接口均应能正常充电； • 电源、USB 接口处不应存在泥沙
娱乐设施	• 收音机应正常工作； • 蓝牙应能正常连接； • 11 处扬声器应均能正常工作
天窗	• 天窗应开关正常，且能够完成各种模式调整； • 天窗应无抖动、异响和泥沙； • 天窗电动机工作声音应顺畅； • 天窗导轨应清洁
刮水器	• 刮水器胶条应无老化、破损
刮水器挡位功能	• 刮水器各挡位功能应正常，工作平稳； • 关闭刮水器，刮水器应能够归位
玻璃清洗功能	• 所有出水口均应能喷水； • 喷水量应基本一致

学习笔记

（2）杨帆按下电动折叠按钮，查看电动调节功能正常。

（3）杨帆落下车窗用手摸左后视镜，指派高尚用手摸右后视镜，均有温热感觉，加热功能正常。

图 2-4-6　车窗玻璃按钮

图 2-4-7　后视镜调节按钮

3. 检查车门锁功能

（1）杨帆拉开每个车门车外、车内门把手，均能够打开相应门锁。

（2）杨帆坐在主驾驶位置，指派高尚坐在后排，按下主驾驶车门一键上锁按钮后，查看所有车门均能全部落锁。

（3）杨帆和高尚手动对各车门进行开锁，均能正常打开车门。

4. 检查电源

（1）杨帆将充电头插入电源接口，查看电源能够正常使用且无泥沙，见图 2-4-8。

（2）杨帆将手机充电线插入 USB 接口，查看 USB 接口能够正常使用且无泥沙。

5. 检查娱乐设施

（1）杨帆触控彩色液晶屏，调整到收音机模式，能够调整频道并播放。

（2）杨帆用手机连接蓝牙，蓝牙功能正常。

（续）

电动座椅	• 前排座椅各个方向调节功能应正常； • 前排座椅加热、通风功能应正常； • 后排座椅应能按照车辆配置放倒
后风窗除霜	• 后风窗玻璃应有热感
空调	• 鼓风机各挡位风量应有明显变化； • 使用空调温度计测量出风口，最高温度应超过 30°，最低温度应低于 10°； • 自动空调应随车外温度变化而变化； • 自动空调车内温度应设定一致； • 出风口应按调节模式出风

电气设备常见损伤及故障现象

车窗卡滞	玻璃升降器按钮磨损严重
后视镜自动折叠角度不够	车门内饰板磨损严重

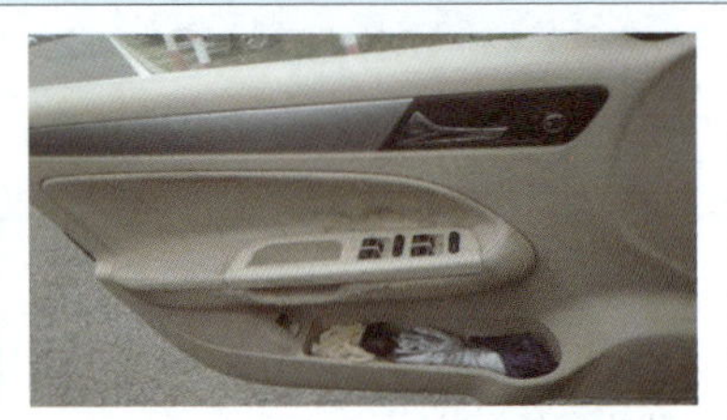

人生在勤，不索何获。

（3）杨帆查看 11 处扬声器声音正常无杂音。

6. 检查天窗

（1）杨帆按下天窗各功能按钮，查看天窗能够正常开启、关闭，并能够正常调整到各种模式，见图 2-4-9。

（2）杨帆查看开关过程天窗无抖动、异响，听电动机声音顺畅无卡滞。

图 2-4-8　电源接口

图 2-4-9　天窗功能按钮

7. 检查刮水器各个挡位功能

（1）杨帆调节刮水器开关各挡位，查看刮水器在每个挡位刮水器均能按挡位正常工作，且工作过程平稳。

（2）杨帆关闭刮水器开关，查看刮水器能够正常归位。

8. 检查刮水器

杨帆走到车左侧、右侧，分别抬起两个刮水器，查看刮水器胶条无破损老化。

9. 检查玻璃清洗功能

杨帆坐到主驾驶位置，打开玻璃清洗功能，观察出水口均能喷出玻璃水，且每个出口水量基本一致，见图 2-4-10。

10. 检查电动座椅调节功能

（1）杨帆按下前排座椅各个方向功能按钮，观察能否正常调节，见图 2-4-11。

（续）

点烟器有泥沙	后排娱乐

天窗密封不严	刮水器老化

刮水器未归位	玻璃水出水量不一致
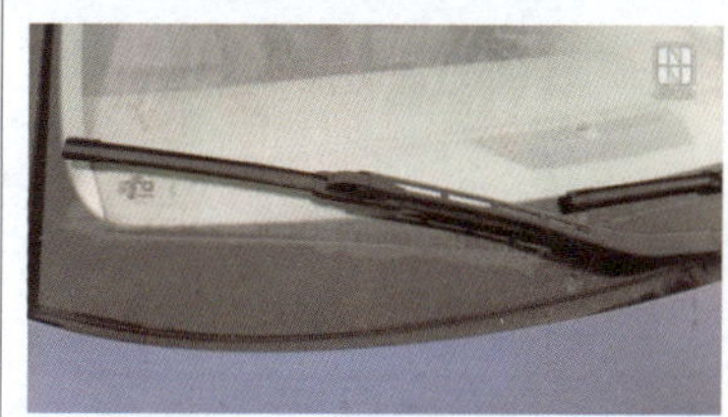	

学习笔记

学习笔记

（2）杨帆指挥副驾驶座位的高尚调整副驾驶座椅各个方向功能按钮，查看均能正常调节。

（3）杨帆按下座椅加热按钮，前排座椅能够正常加热。

（4）杨帆按下前排座椅通风按钮，前排座椅能够正常通风。

（5）杨帆下车打开左后、右后车门，逐一放倒后排座椅，后排座椅能够正常按比例放倒。

图 2-4-10　玻璃清洗功能

图 2-4-11　电动座椅

11. 检查后风窗玻璃除霜

杨帆开启后风窗玻璃除霜功能，指派高尚用手触摸后风窗玻璃，高尚反馈后风窗玻璃有热感，见图 2-4-12。

12. 检查空调鼓风机

（1）杨帆调整鼓风机旋钮，用手触碰前排各出风口风量均有变化。

（2）杨帆指派高尚用手触碰后排出风口，风量有变化，见图 2-4-13。

图 2-4-12　自动空调按钮

图 2-4-13　后排出风口

（续）

后排座椅按比例放倒	手动空调
座椅通风、加热按钮	后排出风口脏污

座椅检查要求	
调节机构	• 座椅调节后应稳固，调节过程应灵活； • 座椅滑道应无锈蚀、泥沙
安全带	• 安全带数量应与座位数量一致； • 安全带整条质量及颜色应一致，不应有水印、霉点或者色差； • 安全带缓慢拉出应顺畅； • 安全带迅速拉出应能够卡滞； • 安全带锁扣锁止应轻便、牢固，松开应敏捷； • 扣上安全带，安全带指示灯应熄灭； • 安全带生产日期应与车辆生产日期相近

人生在勤，不索何获。

学习笔记

13. 检查空调温度调节功能

（1）杨帆查看水温表温度正常，开启空调分控模式，打开鼓风机，调整主驾驶空调到最高温度，用手触碰主驾驶各出风口，温度正常。

（2）杨帆逐步调低主驾驶温度，出风口温度随之下降。

（3）杨帆打开 A/C 开关，逐步将温度调到最低，出口风温度能正常下降。

（4）杨帆指派高尚查看副驾驶出风口温度，杨帆逐步调高副驾驶温度，高尚感受到出风口温度升高。

（5）杨帆关闭 A/C 开关，逐步调至最高温度，高尚感受到出风口温度升高。

（6）杨帆调整空调温度，指派高尚用手感受后排出风口，温度能够正常变化。

14. 检查出风口模式

（1）杨帆调整主驾驶出风口模式，出风口模式均能正常调整工作。

（2）杨帆调整副驾驶出风口模式，高尚能够感受到出风口模式变化。

（3）杨帆关闭分控开关，调整主驾驶鼓风机、温度、出风口模式，主、副驾驶就能感受到风量、温度、出风模式变化。

流程五：检查座椅

1. 检查座椅调节机构

（1）杨帆调整主、副驾驶座椅各个方向及挡位，查看调节过程灵活，调整后座椅均稳固。

（2）杨帆查看主、副驾驶座椅滑道，无锈蚀、泥沙。

（续）

座椅罩	• 座椅罩应无油渍、损坏、开裂； • 座椅罩磨损程度应与车龄或者车辆使用程度相符
座椅弹性	• 座椅松弛程度应与车龄或者车辆使用程度相符

座椅常见调节与损伤现象

手动座椅调节	安全带脏污
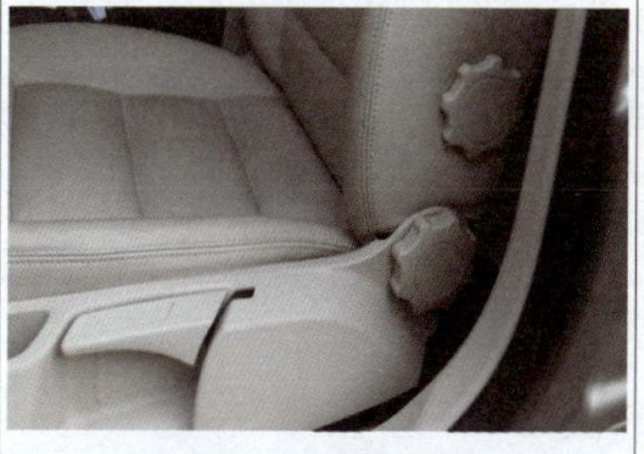	
安全带整条脏污	安全带生产日期
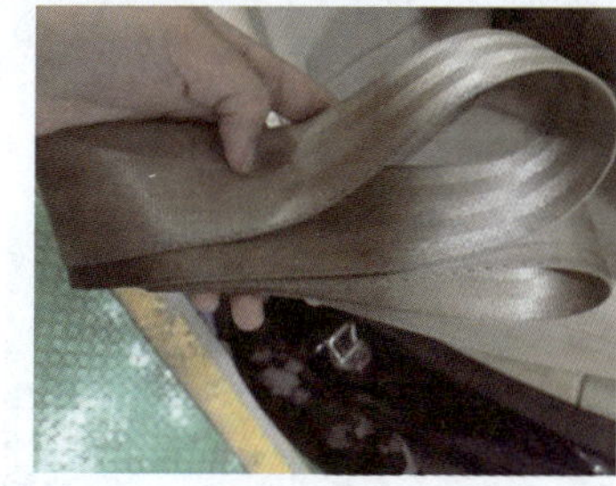	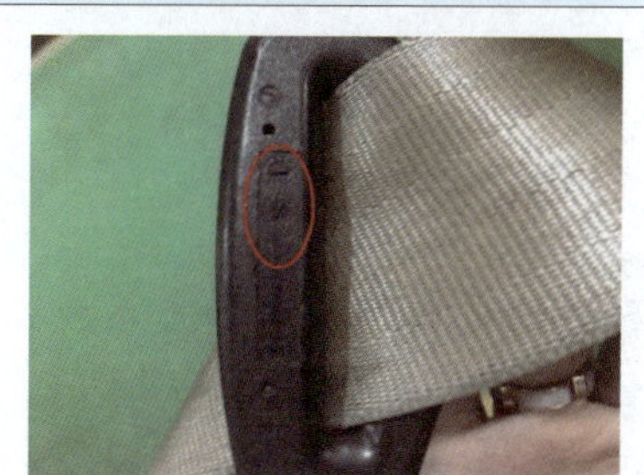

学习笔记

2. 检查安全带

（1）安全带数量。杨帆查看各座椅处均配有安全带，安全带齐全。

（2）安全带质量及颜色。杨帆将每条安全带全部拉出，均无水印、霉点及色差，见图 2-4-14。

（3）安全带工作情况。杨帆将每条安全带都缓慢拉出，均顺畅无卡滞；迅速拉出每条安全带，均能卡滞；松开安全带，均能迅速回位。

（4）安全带锁扣。杨帆将每条安全带插扣安装进相应插板中，均能正常锁止；按下开锁按钮，每条安全带均能正常打开。

（5）安全带指示灯。杨帆和高尚分别坐在主、副驾驶位置，安全带指示灯亮起，扣上主、副驾驶安全带，指示灯熄灭。

（6）安全带生产日期。杨帆查看每条安全带的生产日期均接近，且与车辆生产日期相近。

3. 检查座椅罩

杨帆查看每个位置座椅罩，均无油渍、损坏及开裂，且与车辆使用程度相符。

4. 检查座椅弹力

杨帆用手按压每个座椅，均无松弛，弹力正常，见图 2-4-15。

图 2-4-14　安全带

图 2-4-15　座椅

（续）

座椅罩脏污	座椅弹力正常
	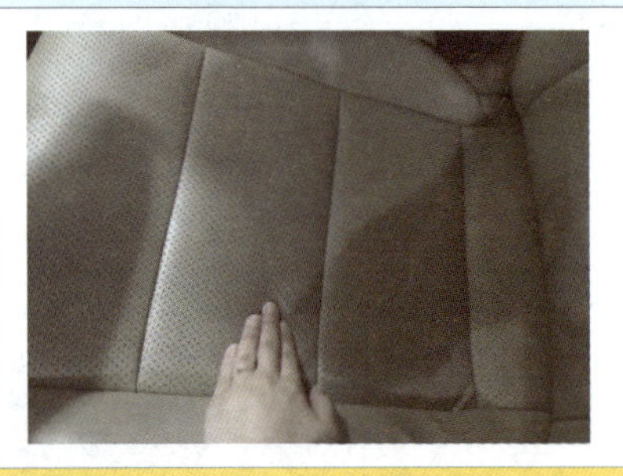

车门内饰板及密封条检查要求

内饰板	• 内饰板应整洁，无明显磨损及划痕； • 内饰板颜色应与其他部位老化程度一致，且与车辆行驶公里数相符； • 内饰板应无色差； • 内饰板应无明显拆卸、更换痕迹
密封条	• 整车密封条老化程度应一致，且与车辆行驶公里数相符； • 密封性应正常

车门内饰板常见现象

内饰板脏污	内饰板磨损严重
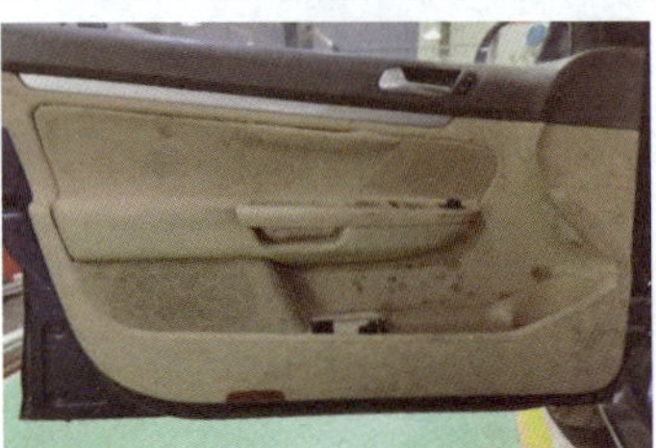	

人生在勤，不索何获。

流程六：检查车门内饰板及密封条

1. 检查车门内饰板

（1）杨帆分别查看 4 个车门内饰板均整洁、无明显磨损及划痕，见图 2-4-16。

（2）杨帆观察 4 个内饰板整体颜色、老化程度均一致，单个内饰板均无色差。

（3）杨帆查看内饰板与车门之间无拆卸、更换痕迹。

2. 检查密封条

杨帆用手按压每个车门的密封条，查看密封条软硬程度均一致、无破损老化。

流程七：检查地板及车顶

1. 检查地板

杨帆观察车内地板，各座椅部位地板整洁，无破损、色差，老化程度一致，见图 2-4-17。

2. 检查车顶老化程度

杨帆查看车顶，整洁、无脏污破损，且老化程度与车辆内饰其他内饰部位一致。

图 2-4-16　车门内饰板

图 2-4-17　车顶

（续）

内饰板拆下痕迹	密封条老化

地板及车顶部位检查要求	
清洁程度	• 车顶整洁程度与其他部位一致； • 车顶不应有异物、脏污、破损，应与车辆的使用程度一致
老化程度	• 车顶老化程度应与其他部位一致； • 车顶颜色应与其他部位一致
地板及车顶部位常见现象	
地板脏污	车顶脏污

学习笔记

学习笔记

流程八：填写驾驶舱检查作业表

（1）鉴定评估师助理高尚在鉴定评估师杨帆检查过程中，及时将检查结果记录到驾驶舱检查作业表中。

（2）杨帆检查驾驶舱作业结束后，仔细核对驾驶舱检查作业表，缺陷填写无误，见图 2-4-18。

驾驶舱检查作业表

驾驶舱检查				扣分
序号	检查项目	A	C	
50	车内是否无水泡痕迹	是	否	0
51	车内后视镜、座椅是否完整、无破损、功能正常	是	否	0
52	车内是否整洁、无异味	是	否	0
53	方向盘自由行程转角是否小于 15°	是	否	0
54	车顶及周边内饰是否无破损、松动及裂缝和污迹	是	否	0
55	仪表台是否无划痕，配件是否无缺失	是	否	0
56	变速杆手柄及护罩是否完好、无破损	是	否	0
57	储物盒是否无裂痕，配件是否无缺失	是	否	0
58	天窗是否移动灵活、关闭正常	是	否	0
59	门窗密封条是否良好、无老化	是	否	0
60	安全带结构是否完整、功能是否正常	是	否	0
61	驻车制动系统是否灵活有效	是	否	0
62	玻璃窗升降器、门窗工作是否正常	是	否	0
63	左、右后视镜折叠装置工作是否正常	是	否	0
64	其他			
鉴定科目	鉴定结果（得分）			缺陷描述
驾驶舱	10			无

图 2-4-18　驾驶舱检查作业表示例

扣分填写要求

- 选择 A 不扣分；
- 第 50 项选择 C 扣 1.5 分；
- 第 51、52 项选择 C 扣 0.5 分；
- 其余项目选择 C 扣 1 分；
- 总分共计 10 分，扣完为止

缺陷描述要求

- 记录缺陷部位名称；
- 清楚描述缺陷现象

人生在勤，不索何获。

任务测评

一、知识测评

确定本任务关键词，按重要程度进行关键词排序并举例解读。

根据自己对重要信息捕捉、排序、表达、创新和划分权重能力进行自评，见表 2-4-2，满分 100 分。

表 2-4-2　检查驾驶舱知识测评表

序号	关键词	举例解读	评分自定
1			
2			
3			
4			
5			
总分			

二、能力测评

对表 2-4-3 所列内容，操作规范即得分，操作错误或未操作即零分。

表 2-4-3　检查驾驶舱能力测评表

序号	能力点	配分	得分
1	能够进行内饰检查	20	
2	能够进行功能件检查	20	
3	能够进行操作机构检查	20	
4	能够进行车内是否有水泡痕迹检查	20	
5	能够确认是否检修	20	
总分		100	

三、素养测评

对表 2-4-4 所列素养点，做到即得分，未做到即零分。

表 2-4-4　检查驾驶舱舱素养测评表

序号	素养点	配分	得分
1	安全作业，无安全隐患	20	
2	保护环境，无乱扔乱倒	20	
3	行为规范，无不当行为	20	
4	团队协作，无不洽关系	20	
5	场地“5S”	20	
总分		100	

四、拓展训练

（1）请说明中控台的检查注意要点及干扰因素。（满分 25 分）

（2）请说明电气设备的检查要点及干扰因素。（满分 25 分）

（3）请按下列思维导图格式（见图 2-4-18），对检查驾驶舱的学习收获进行总结，说一说检查过程中，如果有漏检或者漏项未检，但检查单上却标明没问题，在真正的工作中你认为这种行为可能会造成什么后果，搜集一个相关案例进行佐证，并将这种行为归纳成一个词语，填写到思维导图的空格中。（满分 50 分）

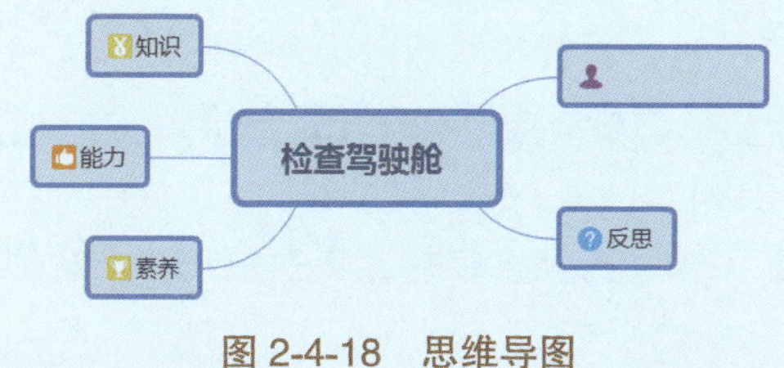

图 2-4-18　思维导图

学习笔记

任务五　检查行李舱

职业行动

流程一：工作准备

1. 工作地点

二手车鉴定评估作业场地。

2. 工作设施

2018 款红旗 H5 智联享动车型碰撞事故车、套筒扳手组合套具、漆膜仪、手电筒、卷尺，见表 2-5-1。

表 2-5-1　工具设备

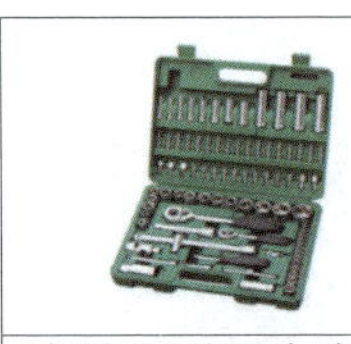	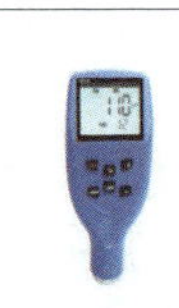		
套筒扳手组合套具	漆膜仪	手电筒	卷尺

3. 工作用品

二手车鉴定评估作业表、写字板、抹布、签字笔。

流程二：检查行李舱盖

1. 检查漆面

鉴定评估师杨帆走到车辆后方，鉴定评估师助理高尚已经打开行李舱盖，杨帆查看行李舱盖漆面颜色一致，无色差，无钣金痕迹，使用漆膜仪测量漆面厚度在正常范围。

2. 检查盖锁

杨帆查看盖锁，盖锁无损坏、更换痕迹，固定螺栓无扳手痕迹且为原厂。

职业知识

工具设备及其功能

工具设备	功能
二手车鉴定评估作业表	记录行李舱检查结果
手电筒	查看行李舱不清楚部分
漆膜仪	检查漆面厚度
套筒扳手组合套具	拆装检查部位遮挡物
卷尺	测量距离
抹布	擦干净要检查的零部件

行李舱盖检查要求

漆面	• 漆面颜色应一致； • 漆面厚度应在正常范围内； • 漆面应无色差、无钣金痕迹
盖锁	• 盖锁应无损坏、更换痕迹； • 盖锁固定螺栓应无扳手痕迹，且为原厂螺栓

行李舱盖常见现象

行李舱色差	行李舱盖钣金痕迹

贵有恒何必三更眠五更起，最无益只怕一日曝十日寒。

流程三：检查行李舱内部

1. 检查密封条

杨帆按压密封条，查看密封条无破损、老化、划痕、脱落，密封性正常，见图 2-5-1。

2. 检查导水槽

杨帆查看导水槽无损伤、变形、修复痕迹及生锈，且焊点与原厂一致，见图 2-5-2。

图 2-5-1 密封条无老化破损

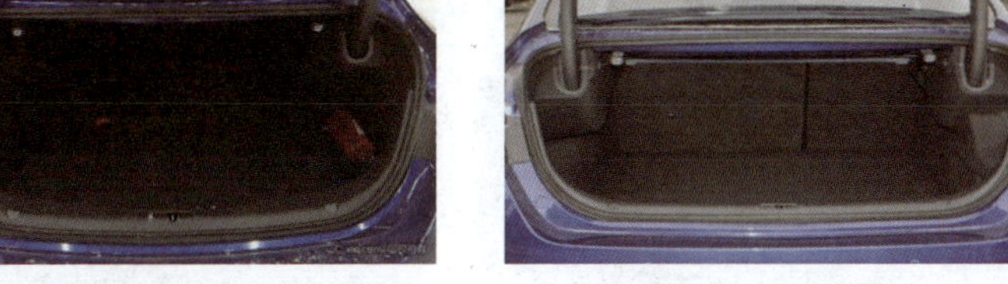

图 2-5-2 导水槽

3. 检查内部

杨帆揭开侧面及底部内饰板，查看行李舱内部侧面和底部的漆面颜色一致，无钣金修复、切割痕迹，无锈蚀，使用漆膜仪测量漆面在正常范围。

4. 检查底板

杨帆掀开行李舱地板垫，查看底板无生锈、发霉、切割焊接的痕迹，且焊点为原厂焊点。

5. 检查后围板

（1）杨帆打开备胎桶盖板，按压后围板封胶，封胶软硬程度、涂抹方式与其他部位一致，且为原厂。

（2）杨帆观察后围板无钣金修复、变形、焊接、锈蚀及更换的痕迹，且焊点为原厂。

行李舱内部检查要求

项目	要求
密封条	• 密封条应无老化、划痕、脱落，且密封性正常
导水槽	• 导水槽应无损伤、变形、钣金修复痕迹； • 导水槽不应生锈，无切割焊接的痕迹，且焊点应为原厂焊点
内部	• 行李舱侧面漆面颜色应一致； • 漆面厚度应在正常范围之内； • 应无损伤、变形、钣金修复痕迹； • 应无切割焊接、无锈蚀
底板	• 应无损伤、变形、钣金修复痕迹； • 应无锈蚀，无打胶痕迹，无切割焊接，且焊点为原厂焊点
后围板	• 封胶软硬程度其他部位一致； • 封胶涂抹方式应与其他部位一致，且为原厂胶
后翼子板内衬	• 应无损伤、变形、钣金修复痕迹； • 应无切割焊接、锈蚀，且焊点为原厂焊点
备胎桶	• 备胎桶边缘完整圆滑； • 备胎桶与底板之间无生锈、修复、切割焊接的痕迹，且焊点为原厂
随车工具	• 工具应齐全； • 能正常使用，无锈蚀损坏； • 应为原厂工具
备胎	• 备胎应无损坏，胎压正常； • 应为原厂备胎
门控灯	• 开启行李舱门控灯应亮起； • 关闭行李舱门控灯应熄灭

学习笔记

学习笔记

6. 检查后翼子板内衬

杨帆查看后翼子板内衬无变形、锈蚀、切割焊接的痕迹，且焊点为原厂焊点。

7. 检查备胎桶

杨帆查看备胎桶边缘完整圆滑，备胎桶与底板之间无生锈、修复、切割焊接的痕迹，且焊点为原厂焊点。

8. 检查随车工具

杨帆查看三角警示牌、千斤顶、轮胎扳手、灭火器、反光背心、牵引环齐全，且为原厂工具，未生锈，见图 2-5-3。

9. 检查备胎

（1）杨帆查看有备胎，且备胎全新无落地。

（2）杨帆查看备胎标记与原厂一样且胎压正常，见图 2-5-4。

图 2-5-3　全新随车工具

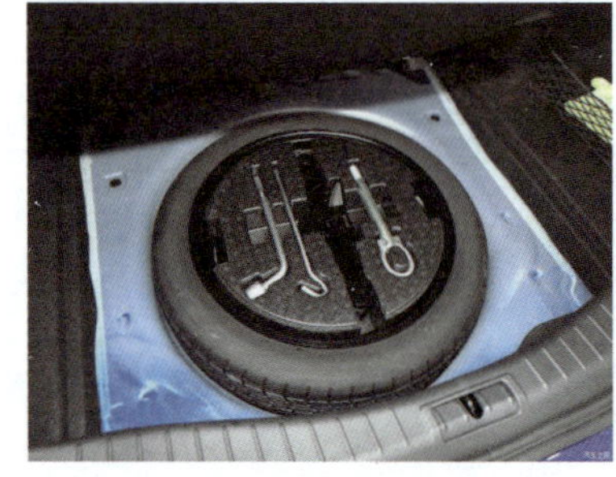

图 2-5-4　未落地备胎

10. 检查行李舱门控灯

杨帆查看行李舱的门控灯正常亮起，关闭行李舱盖，指派高尚进入到车内，查看行李舱门控灯熄灭，门控灯工作正常。

行李舱常见现象

行李舱密封条老化	导水槽锈蚀
后围板修复锈蚀	后翼子板内衬钣金
底板修复	后翼子板内衬修复

贵有恒何必三更眠五更起，最无益只怕一日曝十日寒。

流程四：填写车辆功能性零部件列表

（1）鉴定评估师助理高尚在鉴定评估师杨帆检查过程中，及时将检查结果记录到车辆功能性部件检查作业表中。

（2）杨帆检查行李舱作业结束后，仔细核对车辆功能性部件检查作业表，缺陷填写无误，见图 2-5-5。

车辆功能性部件检查作业表

序号	类别	零部件名称	序号	类别	零部件名称
93	车身外部件	发动机舱盖锁止	105	随车附件	备胎
94		发动机舱盖液压撑杆	106		千斤顶
95		后门/行李舱液压支撑杆	107		轮胎扳手及随车工具
96		各车门锁止	108		三角警示牌
97		前后刮水器	109		灭火器
98		立柱密封胶条	110	其他	全套钥匙
99		排气管及消音器	111		遥控器及功能
100		车轮轮毂	112		喇叭高低音色
101	驾驶舱内部件	车内后视镜	113		玻璃加热功能
102		座椅调节及加热			
103		仪表板出风管道			
104		中央集控			

鉴定科目	缺陷描述
车辆功能性部件	无

图 2-5-5　行李舱检查作业表示例

（续）

备胎桶右侧修复打胶	备胎桶生锈

随车工具生锈	**备胎落地**
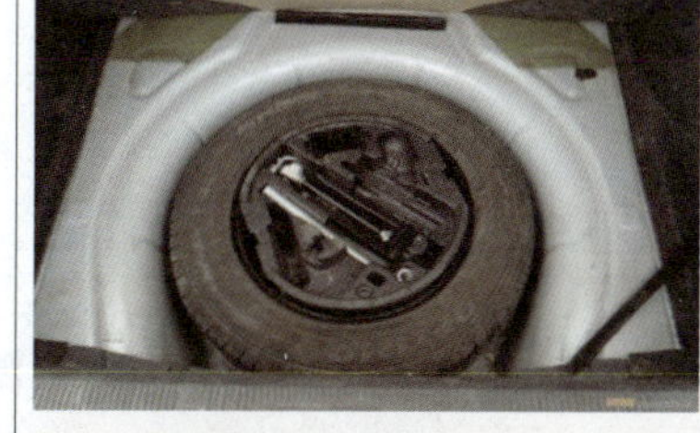	

缺陷描述要求

- 行李舱盖、行李舱内部出现钣金修复及切割痕迹、锈蚀缺陷描述，记录在车辆功能性部件检查作业表中并扣除对应分数；
- 结构、功能损坏，只记录缺陷描述，不扣分

学习笔记

学习笔记

任务测评

一、知识测评

确定本任务关键词，按重要程度进行关键词排序并举例解读。

根据自己对重要信息捕捉、排序、表达、创新和划分权重能力进行自评，见表 2-5-2，满分 100 分。

表 2-5-2　检查行李舱知识测评表

序号	关键词	举例解读	评分自定
1			
2			
3			
4			
5			
总分			

二、能力测评

对表 2-5-3 所列内容，操作规范即得分，操作错误或未操作即零分。

表 2-5-3　检查行李舱能力测评表

序号	能力点	配分	得分
1	能够进行行李舱盖漆面检查	20	
2	能够进行行李舱密封条检查	20	
3	能够进行行李舱焊点检查	20	
4	能够进行行李舱钣金修复检查	20	
5	能够进行行李舱锈蚀检查	20	
总分		100	

三、素养测评

对表 2-5-4 所列素养点，做到即得分，未做到即零分。

表 2-5-4　检查行李舱素养测评表

序号	素养点	配分	得分
1	安全作业，无安全隐患	20	
2	保护环境，无乱扔乱倒	20	
3	行为规范，无不当行为	20	
4	团队协作，无不洽关系	20	
5	场地“5S”	20	
总分		100	

四、拓展训练

（1）请说明行李舱的检查注意要点及干扰因素。（满分 25 分）

（2）请说明后翼子板及后翼子板内衬结构关系。（满分 25 分）

（3）请按下列思维导图格式（见图 2-5-6），对检查行李舱的学习收获进行总结，说一说检查过程中，对劳动的体会，将你最大的体会归纳成一个词语，填写到思维导图的空格中，并作说明。（满分 50 分）

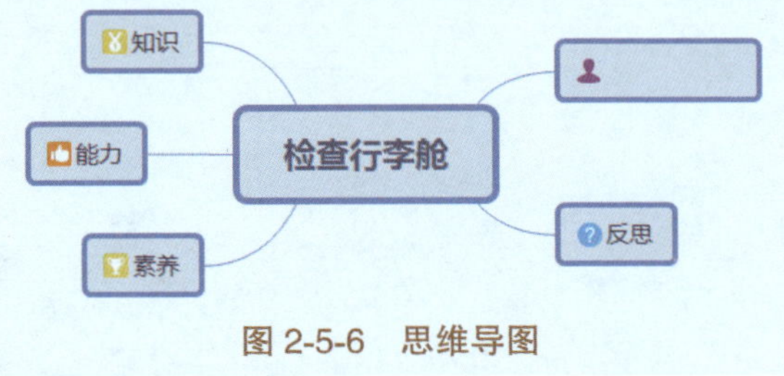

图 2-5-6　思维导图

贵有恒何必三更眠五更起，最无益只怕一日曝十日寒。

学习笔记

任务六　检查车辆底盘

职业行动

流程一：工作准备

1. 工作地点

二手车鉴定评估作业场地。

2. 工作设施

2018 款红旗 H5 智联享动车型碰撞事故车、套筒扳手组合套具、轮胎花纹深度测量仪、手电筒、制动片检测尺，见表 2-6-1。

表 2-6-1　工具设备

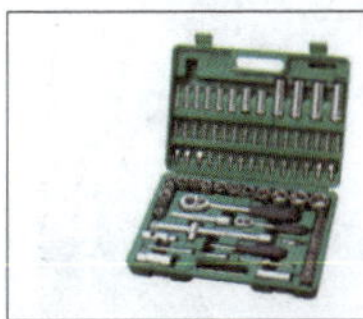			
套筒扳手组合套具	轮胎花纹深度测量仪	手电筒	制动片检测尺

3. 工作用品

二手车鉴定评估作业表、写字板、抹布、签字笔。

流程二：检查底盘泄漏

1. 检查冷却液

鉴定评估师助理高尚举升车辆，并拆卸发动机护板，鉴定评估师杨帆走到车辆下方，用手电筒照射发动机舱内壁、散热器、冷却液水管、变速器附近，无冷却液，也无干涸冷却液痕迹，见图 2-6-1。

2. 检查机油

（1）杨帆查看油底壳及放油螺栓附近无机油泄漏，无油污，

职业知识

工具设备及其功能

工具设备	功能
二手车鉴定评估作业表	记录行李舱检查结果
手电筒	查看底盘不清楚部分
轮胎花纹深度测量仪	测量轮胎花纹深度
套筒扳手组合套具	拆装检查部位遮挡物
制动片检测尺	测量制动片厚度
抹布	擦干净要检查的零部件

底盘泄漏检查要求

冷却液	• 发动机舱内壁、散热器、冷却液水管、变速器附近应无冷却液； • 发动机舱内壁、散热器、冷却液水管、变速器附近应无冷却液干涸痕迹
机油	• 油底壳及放油螺栓附近不应有机油泄漏及油污； • 发动机附近零部件不应有机油飞溅痕迹。
变速箱油	• 变速器后油封、变速器壳附近不应有油液泄漏及油污； • 金属管路不应有变形、锈蚀、切割痕迹； • 橡胶管路不应更换； • 变速器油管一般成对布置，并且固定不悬空
转向助力油	• 液压式转向助力泵，转向机体附近不应有泄漏，或油污痕迹
制动液	• 前、后制动器的制动钳、制动盘及轮胎不应有制动液痕迹； • 制动分泵及制动管路不应有泄漏、凹陷、扭曲变形

2-8　车辆底盘检查

2-9　渗漏检查

学习笔记

见图 2-6-2。

（2）杨帆查看发动机附近零部件无机油飞溅痕迹。

3. 检查变速器油

（1）杨帆查看变速器后油封、变速器壳附近无油液泄漏及油污。

（2）杨帆查看金属管路无切割痕迹，未更换过橡胶管路。

图 2-6-1　无冷却液飞溅

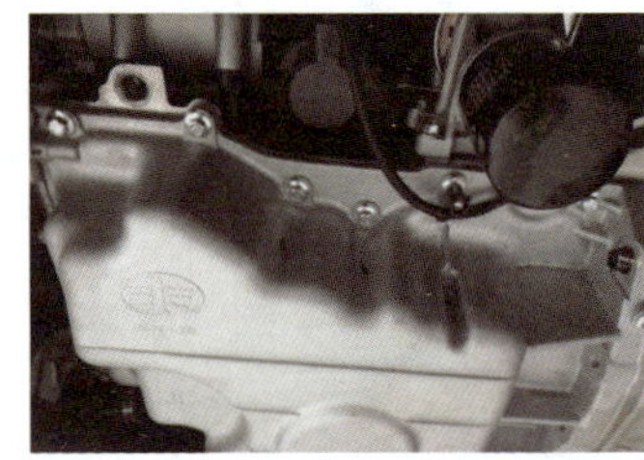

图 2-6-2　无机油泄漏

4. 检查制动液

（1）杨帆查看左前车轮上无制动液泄漏，见图 2-6-3。

（2）杨帆用手电筒照射左前制动器的制动钳、制动盘均无制动液泄漏及油污。

（3）杨帆查看左前制动分泵无制动液泄漏。

（4）杨帆使用同样的方法查看其他车轮、制动钳及制动盘均无油液及油污。

（5）杨帆从前到后查看制动液管路均无泄漏、凹陷、扭曲变形。

5. 检查排气系统

（1）杨帆查看排气管无黑色、棕色、白色污迹，见图 2-6-4。

（2）杨帆查看排气管、三元催化器、消音器无针孔、裂纹、孔洞。

（3）杨帆查看排气系统所有的吊耳及支架均无损坏、老化、更换痕迹，且均为原厂部件，固定在出厂位置。

底盘泄漏常见现象

冷却液泄漏痕迹	机油泄漏

变速器油泄漏	转向助力油泄漏
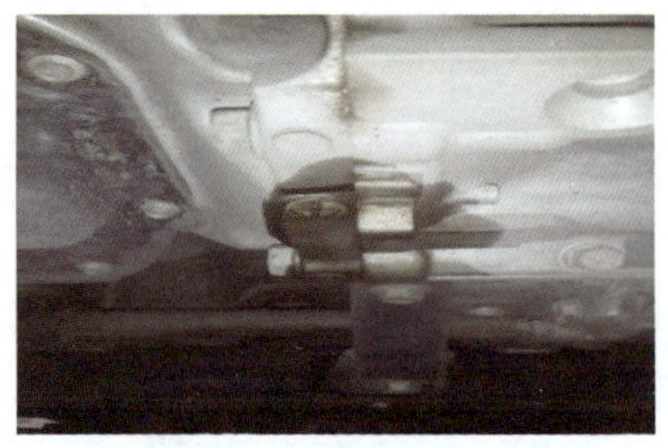	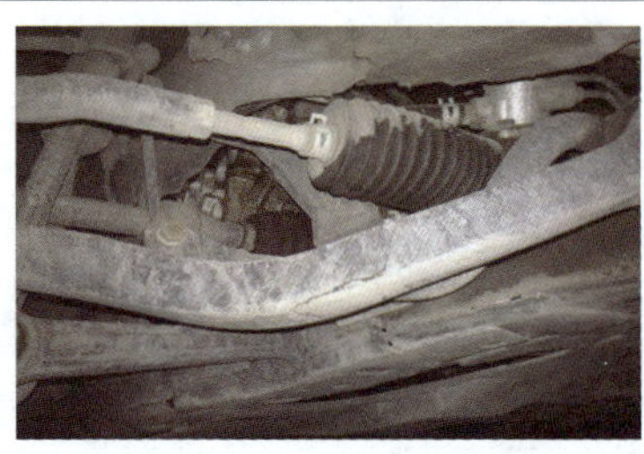
制动液泄漏	排气管泄漏

公正是第三方鉴定最大的信誉与尊严。

图 2-6-3　制动液无泄漏

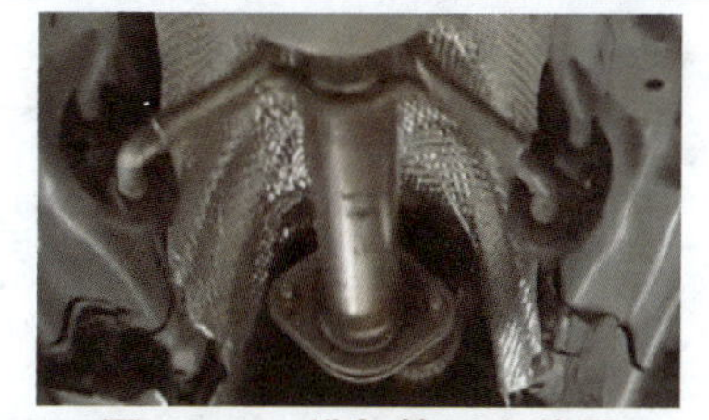

图 2-6-4　排气管固定装置

（续）

排气管损坏	排气管吊耳更换

流程三：检查转向机构

1. 检查转向节臂

杨帆用手晃动左、右转向节臂，查看无松动，与主销配合未过紧，见图 2-6-5。

2. 检查转向轴

杨帆用手电筒照射查看转向轴无弯曲，套管无凹瘪，见图 2-6-5。

3. 检查转向机

杨帆查看转向机两侧防尘套未破损，未缺失润滑油，见图 2-6-5。

4. 检查连接部位

（1）杨帆查看转向横、纵拉杆球头无损坏、松动。

（2）杨帆用手晃动转向横、纵拉杆与转向节臂连接处，查看无松动。

5. 检查前轮驱动传动轴

（1）杨帆查看万向传动装置外部橡胶保护套无损坏、老化，见图 2-6-5。

（2）杨帆查看传动轴无变形，外壳无凹瘪。

流程四：检查车轮

1. 检查轮胎品牌

杨帆查看四条轮胎品牌一致，且为原厂品牌，见图 2-6-6。

转向机构检查要求

转向助力泵	• 驱动带应无松动、过紧； • 转向泵安装螺栓应无松动，油管及接头应无松动； • 转向泵附近不应有油液泄漏及油污
转向节臂	• 转向节臂不应松动，与主销配合不应过紧
转向机	• 转向机左右摆动应无卡滞，工作正常； • 转向机机体不应有油液泄漏及油污； • 转向机两侧防尘套不应破损、老化； • 转向机两侧不应缺失润滑油
转向轴	• 转向轴不应弯曲，套管不应凹瘪
连接部位	• 转向横、纵拉杆球头不应有损坏、松动； • 转向横、纵拉杆与转向节连接处不应松动
传动轴	• 万向传动装置外部橡胶保护套不应破损、老化； • 传动轴不应变形，外壳不应凹瘪； • 传动轴、中间轴、万向节不应有裂纹、松动、凹瘪、弯曲； • 万向节轴承不应过度磨损、松旷； • 万向节凸缘连接螺栓不应松动

学习笔记

学习笔记

2. 检查轮胎生产日期

杨帆查看四条轮胎的生产日期相近，早于车辆生产日期，且与整车生产日期相近，见图 2-6-6。

图 2-6-5　传动轴

图 2-6-6　轮胎品牌

3. 检查轮胎磨损情况

（1）杨帆查看四条轮胎外缘均无严重磨损，且胎压正常。

（2）杨帆查看四条轮胎均无凸状或波纹状磨损，见图 2-6-7。

（3）杨帆查看四条轮胎表面磨损均匀，测量花纹深度在正常范围之内。

（4）杨帆查看四条轮胎整体均无破损、裂纹、鼓包及毛刺现象。

4. 检查制动片

杨帆使用制动片检测尺测量四个车轮制动片（见图 2-6-8）厚度，测量值均在磨损极限范围之内。

图 2-6-7　轮胎胎压正常

图 2-6-8　制动片

车轮检查要求

项目	要求
轮胎品牌	• 四条轮胎品牌应一致，应与出厂品牌一致
轮胎生产日期	• 四条轮胎生产日期应相近，早于车辆出厂日期； • 四条轮胎生产日期应与车辆出厂日期相近 HO 0318 本年第几周　生产年份
轮胎磨损	• 四条轮胎外缘不应有严重磨损，且胎压应正常； • 四条轮胎均不应有凸状或波纹状磨损； • 四条轮胎表面应磨损均匀，且测量花纹深度在该车型正常范围之内； • 四条轮胎整体均不应有破损、裂纹、鼓包及毛刺现象
制动片	• 制动片测量值应在该车型磨损极限范围之内
制动盘	• 制动盘测量值应在该车型磨损极限范围之内
轮毂轴承	• 轮毂轴承松旷量不应较大

车轮常见现象

轮胎磨损均匀	轮胎裂纹

公正是第三方鉴定最大的信誉与尊严。

5. 检查制动盘

杨帆使用游标卡尺测量四个车轮的制动盘，测量值均在磨损极限范围之内。

6. 检查轮毂轴承

杨帆用手上下晃动四个车轮，查看轴承未松旷。

流程五：检查悬架

1. 检查减振器

（1）杨帆查看前后悬架两侧减振器无漏油，见图 2-6-9。

（2）杨帆查看减振器上下连接处无松动；

（3）杨帆查看减振器无磨损、锈蚀、弯曲、更换痕迹，且型号与出厂一致。

2. 检查稳定杆

（1）杨帆查看稳定杆无裂纹、损坏、变形，两侧橡胶条无老化、损坏。

（2）杨帆查看稳定杆与左右两侧悬架控制臂连接处无松动。

3. 检查减振弹簧

（1）杨帆查看弹簧无折断、裂纹、生锈、疲劳失效。

（2）鉴定评估师助理高尚将车辆降落至地面，杨帆查看前方两侧弹簧高度一致，后方两侧弹簧高度一致。

（3）杨帆打开两侧左后门查看弹簧上支座，无变形、钣金修复、切割焊接痕迹，蹲下查看弹簧下支座，无损坏、锈蚀、变形、更换痕迹。

（4）杨帆使用同样方法查看右后弹簧上、下支座，均无异常。

（5）高尚打开发动机舱盖，杨帆走到车前查看左侧弹簧上支座，无变形、钣金修复、切割焊接现象，蹲下查看弹簧下支座，无损坏、锈蚀、变形、更换痕迹。

（续）

制动片磨损极限	制动盘磨损不均生锈

悬架检查要求	
减振器	• 前后悬架两侧减振器不应漏油； • 减振器上下连接处不应有松动； • 减振器不应有磨损、锈蚀、弯曲、更换痕迹，且型号与出厂一致
稳定杆	• 稳定杆不应有裂纹、损坏、变形； • 两侧橡胶条不应有老化、损坏； • 稳定杆与左右两侧悬架控制臂连接处不应松动
减振弹簧	• 钢板弹簧不应有损坏、裂纹、断片、碎片； • 钢板弹簧两侧的弹簧厚度、片数、长度、弧度、新旧程度应一致； • 钢板弹簧的 U 形螺栓不应松动。 • 弹簧不应有折断、裂纹、生锈、疲劳失效； • 螺旋弹簧两侧高度应一致； • 弹簧上支座不应有变形、钣金修复、切割焊接痕迹； • 弹簧下支座不应有损坏、锈蚀、变形、更换痕迹

学习笔记

学习笔记

（6）杨帆走到车辆右前侧，用同样的方法检查右侧弹簧上、下支座，均无异常，见图 2-6-10。

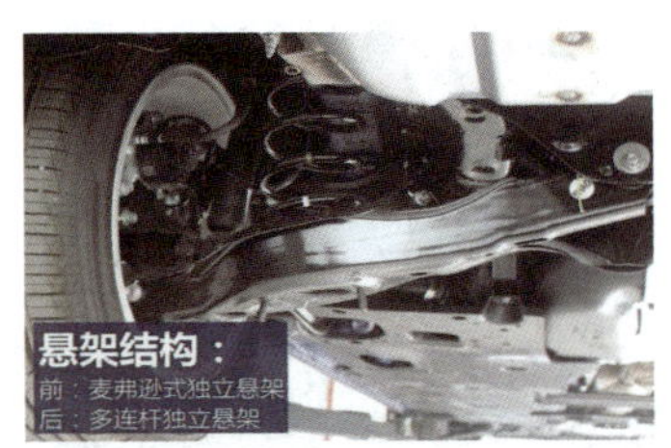

图 2-6-9　减振器

图 2-6-10　右前减振器支座

流程六：填写底盘检查作业表

（1）鉴定评估师助理高尚在鉴定评估师杨帆检查过程中，及时将检查结果记录到底盘检查作业表中。

（2）杨帆检查驾驶舱作业结束后，仔细核对底盘检查作业表，缺陷填写无误，见图 2-6-11。

底盘检查作业表

序号	检查项目	A	C
85	发动机油底壳是否无渗漏	是	否
86	变速箱体是否无渗漏	是	否
87	转向节臂球销是否无松动	是	否
88	三角臂球销是否无松动	是	否
89	传动轴十字轴是否无松框	是	否
90	减振器是否无渗漏	是	否
91	减振弹簧是否无损坏	是	否
92	其他	只描述缺陷，不扣分	

鉴定科目	鉴定结果（得分）	缺陷描述
底盘检查	15	无

图 2-6-11　底盘检查作业表示例

悬架常见现象

减振器漏油	螺旋弹簧断裂

扣分填写要求

- 选择 A 不扣分；
- 第 85、86 项，选择 C 扣 4 分；
- 第 87、88 项，选择 C 扣 3 分；
- 第 89、90、91 项，选择 C 扣 2 分；
- 总分共计 15 分，扣完为止

缺陷描述要求

- 减振器上支座缺陷描述，记录在底盘检查作业表中并扣除对应分数；
- 记录缺陷部位名称；
- 清楚描述缺陷现象

公正是第三方鉴定最大的信誉与尊严。

学习笔记

任务测评

一、知识测评

确定本任务关键词，按重要程度进行关键词排序并举例解读。

根据自己对重要信息捕捉、排序、表达、创新和划分权重能力进行自评，见表 2-6-2，满分 100 分。

表 2-6-2　检查车辆底盘知识测评表

序号	关键词	举例解读	评分自定
1			
2			
3			
4			
5			
总分			

二、能力测评

对表 2-6-3 所列内容，操作规范即得分，操作错误或未操作即零分。

表 2-6-3　检查车辆底盘能力测评表

序号	能力点	配分	得分
1	能够进行底盘泄漏漆面检查	20	
2	能够进行转向机构检查	20	
3	能够进行车轮检查	20	
4	能够进行轮胎检查	20	
5	能够进行悬架检查	20	
总分		100	

三、素养测评

对表 2-6-4 所列素养点，做到即得分，未做到即零分。

表 2-6-4　检查车辆底盘素养测评表

序号	素养点	配分	得分
1	安全作业，无安全隐患	20	
2	保护环境，无乱扔乱倒	20	
3	行为规范，无不当行为	20	
4	团队协作，无不洽关系	20	
5	场地“5S”	20	
总分		100	

四、拓展训练

（1）请说明底盘泄漏的检查注意要点及干扰因素。（满分 25 分）

（2）请说明底盘连接部位的检查要点及干扰因素。（满分 25 分）

（3）请按下列思维导图格式（见图 2-6-12），对检查车辆底盘的学习收获进行总结，结合学习内容，理解并说明二手车鉴定评估工作中体现出的职业“信誉与尊严”。（满分 50 分）

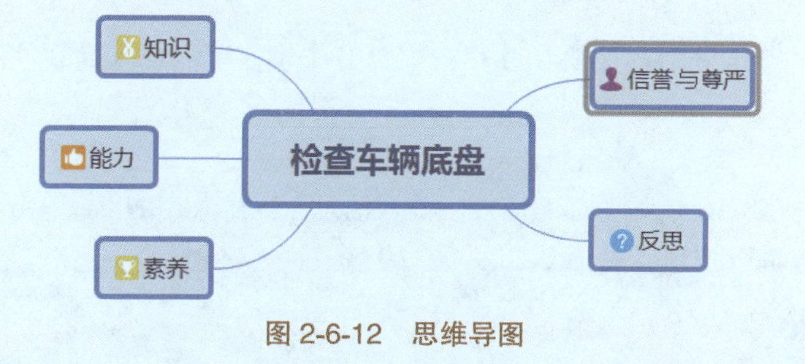

图 2-6-12　思维导图

学习笔记

任务七　查询车辆使用记录

职业行动

流程一：工作准备

1. 工作地点

二手车鉴定评估作业场地。

2. 工作设施

2018 款红旗 H5 智联享动车型碰撞事故车。

3. 工作用品

计算机、打印机、写字板、查询软件，见表 2-7-1。

表 2-7-1　工作用品

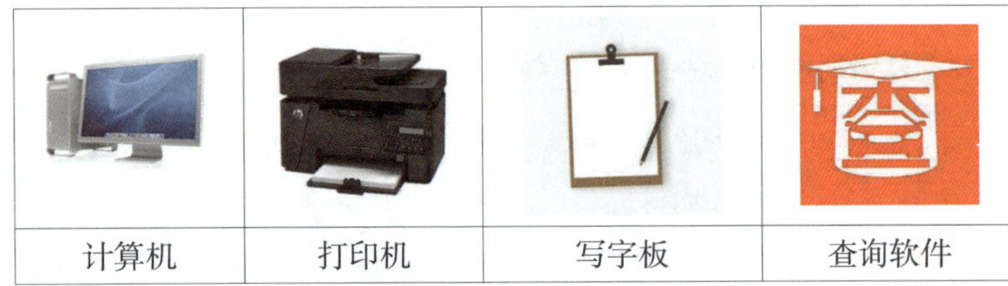

计算机	打印机	写字板	查询软件

流程二：查询车辆使用历史信息

1. 进入软件

鉴定评估师杨帆在计算机中打开车辆使用信息查询软件，见图 2-7-1。

2. 输入车辆信息

鉴定评估师助理高尚在“输入信息”栏输入 VIN 码，单击“立即查询”按钮，见图 2-7-2。

职业知识

文件夹物品及功能

文件夹物品	功能
计算机	查询车辆使用记录
打印机	打印车辆使用记录
写字板	记录车辆使用信息
查询软件	查询车辆使用记录

车辆使用记录查询方式

查询方式	软件名称
品牌 4S 店售后服务查询系统	• 经销商管理系统（DMS）
二手车交易平台	• 瓜子二手车； • 优信二手车
车辆历史信息查询软件	• 查博士； • 车 300； • 车况查询； • 车况之眼； • 查车网； • 车辆大数据分析

4S 店售后服务系统查询方法

- 单击进入汽车经销商管理系统；
- 在界面输入查询车辆的信息：车架号、车牌号或者车主手机号，进入系统；
- 根据系统显示，了解车辆在 4S 店内所做的维系、保养的记录

少年进步则国进步。

图 2-7-1　查询软件

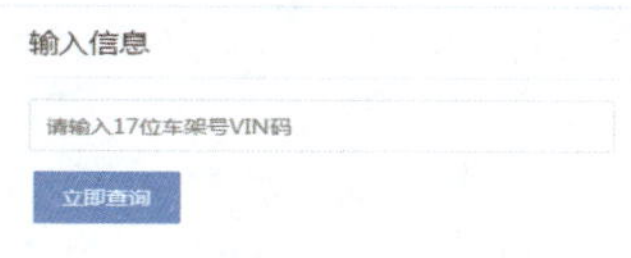

图 2-7-2　输入车辆信息

3. 记录异常信息

（1）高尚查看车辆报告记录异常信息。

（2）高尚记录车辆左前翼子板更换。

（3）高尚记录车辆左前翼子板喷漆。

（4）高尚记录车辆左前翼子板内衬钣金修复。

（5）高尚记录维护保养情况正常，最后一次保养时间为 2020 年 10 月 10 日（见图 2-7-3）。

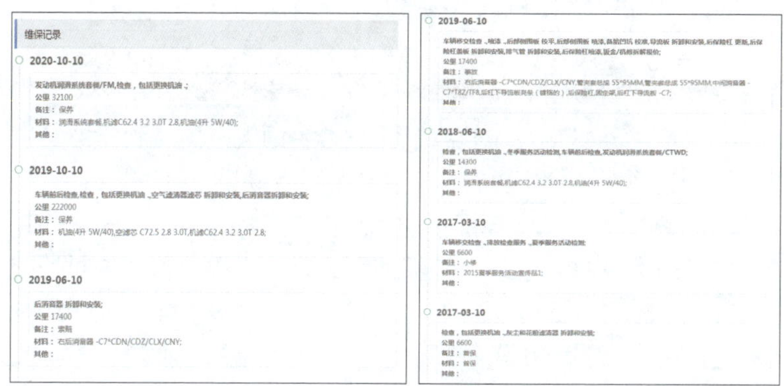

图 2-7-3　维修保养记录

4. 核对鉴定信息

扬帆仔细核对高尚查询记录的车辆异常情况与鉴定检查记录的车辆信息，查询结果与鉴定检查结果一致。

（续）

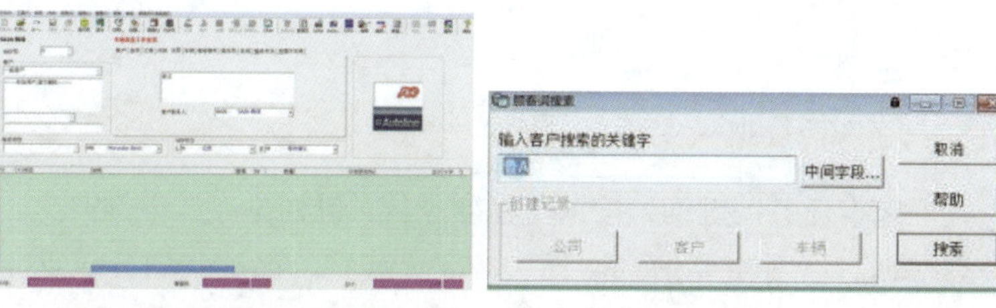

二手车交易平台查询方法

- 车辆已经在二手车交易平台挂售；
- 单击进入二手车查询软件；
- 在界面中查询该车辆

车辆历史信息查询软件查询方法

- 单击进入车辆历史信息查询软件；
- 输入车辆 VIN 码；
- 查看车辆历史报告

学习笔记

学习笔记

任务测评

一、知识测评

确定本任务关键词，按重要程度进行关键词排序并举例解读。

根据自己对重要信息捕捉、排序、表达、创新和划分权重能力进行自评，见表 2-7-2，满分 100 分。

表 2-7-2　查询车辆使用记录知识测评表

序号	关键词	举例解读	评分自定
1			
2			
3			
4			
5			
总分			

二、能力测评

对表 2-7-3 所列内容，操作规范即得分，操作错误或未操作即零分。

表 2-7-3　查询车辆使用记录能力测评表

序号	能力点	配分	得分
1	能够正确打开车辆使用历史查询软件	20	
2	能够正确输入车辆 VIN 码	20	
3	能够正确记录车辆维护保养信息	20	
4	能够正确记录车辆维修信息	20	
5	能够正确核对鉴定信息与查询信息	20	
总分		100	

三、素养测评

对表 2-7-4 所列素养点，做到即得分，未做到即零分。

表 2-7-4　查询车辆使用记录素养测评表

序号	素养点	配分	得分
1	安全作业，无安全隐患	20	
2	保护环境，无乱扔乱倒	20	
3	行为规范，无不当行为	20	
4	团队协作，无不洽关系	20	
5	场地“5S”	20	
总分		100	

四、拓展训练

（1）请说明 4S 店查询车辆使用历史软件的优缺点。（满分 25 分）

（2）请说明车辆历史查询信息软件的优缺点。（满分 25 分）

（3）请按下列思维导图格式（见图 2-7-4），对查询车辆使用记录的学习收获进行总结，车辆使用记录不完整，检查人员应该怎么办呢？你有什么办法补充完整吗？将你的办法填写到思维导图的空格中。（满分 50 分）

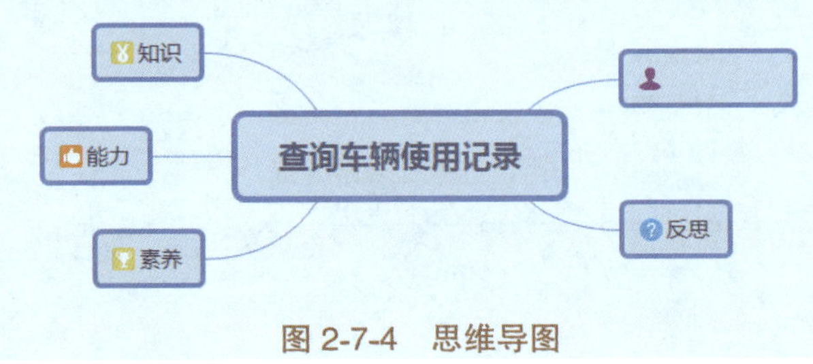

图 2-7-4　思维导图

少年进步则国进步。

学习笔记

任务八　检查调表车

职业行动

流程一：工作准备

1. 工作地点

二手车鉴定评估作业场地。

2. 工作设施

2018 款红旗 H5 智联享动车型碰撞事故车、套筒扳手组合套具、故障诊断仪、手电筒、举升机，见表 2-8-1。

表 2-8-1　工具设备

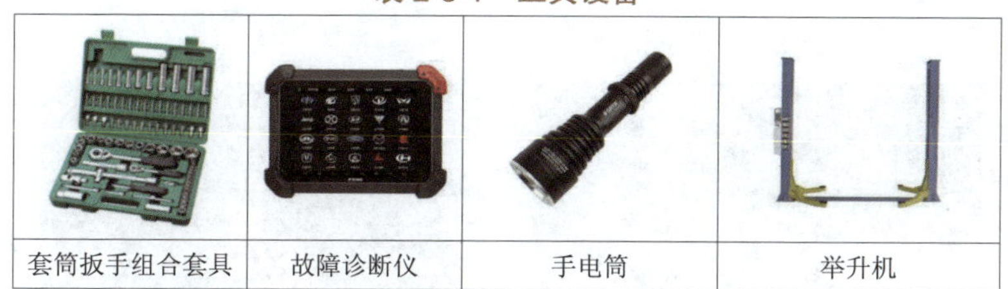

套筒扳手组合套具	故障诊断仪	手电筒	举升机

3. 工作用品

二手车鉴定评估作业表、写字板、抹布、签字笔。

流程二：查询维修保养记录

1. 打开车辆历史使用信息报告

（1）鉴定评估师杨帆在计算机中打开车辆历史使用信息报告，见图 2-8-1。

（2）杨帆核对车辆维护保养时间，车辆均在保养期限内在 4S 店进行保养。

（3）杨帆核查车辆最后一次保养时间为 2020 年 10 月 10 日，

职业知识

工具设备及其功能

工具设备	功能
手电筒	查看行李舱不清楚部分
故障诊断仪	查询车辆里程
套筒扳手组合套具	拆装检查部位遮挡物
举升机	检查车辆底盘

车辆里程表调教原因

调低	• 牟取卖车利润； • 新车车主为换取免费保养次数； • 新车里程有问题，经销商调整里程数
调高	• 牟取车辆补贴

调标车检查要点

转向盘	• 转向盘是车主使用频率最高的部件； • 车主使用转向盘套，3 点和 9 点这两个位置是碰触最多、磨损最多的位置
制动盘	• 车辆一般 10 万公里以上视情况更换制动盘； • 制动盘过新，说明车辆可能更换过制动盘； • 制动盘内侧比外缘磨损严重的多，那么行驶里程较多
变速器换挡杆	• 行驶里程越多，磨损越严重； • 防尘套不应出现老化、掉皮现象； • 防尘套过新，说明是新换的

学习笔记

记录的里程数为 32 100 km。

2. 对比鉴定结果与使用报告信息

（1）杨帆查看高尚在 2021 年 4 月 20 日鉴定评估日记录的里程表公里数为 56 100 km。

（2）杨帆查看鉴定过程中记录的转向盘、座椅、车门内饰板、车窗、车门功能按钮的磨损情况。

（3）杨帆查看鉴定过程中记录的制动踏板、加速踏板及变速器换挡杆的磨损情况。

（4）杨帆查看鉴定过程中记录的轮胎生产日期、制动盘及制动片磨损情况。

（5）杨帆对比整车使用情况、车辆保养记录及车辆里程表显示的公里数，该车辆整车使用情况与车辆里程表显示公里数相符，判断车辆不是调表车。

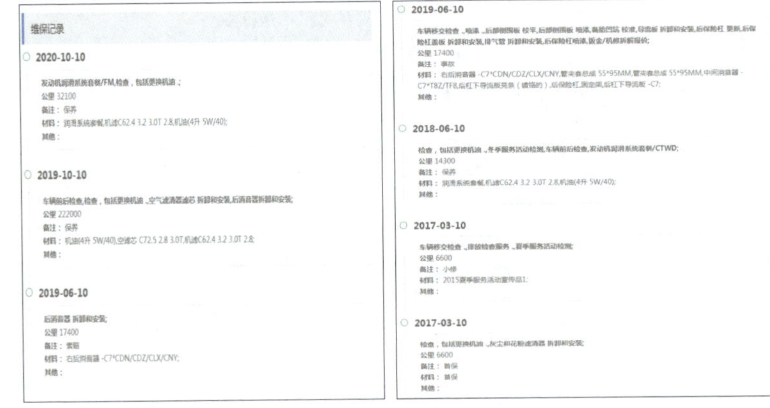

维保记录

2020-10-10
发动机润滑系统套餐/FM,检查，包括更换机油；
公里 32100
备注：保养
材料：润滑系统套餐,机滤C62.4 3.2 3.0T 2.8,机油(4升 5W/40);
其他：

2019-10-10
车辆前后检查,检查，包括更换机油，空气滤清器滤芯 拆卸和安装,后消音器拆卸和安装;
公里 222000
备注：保养
材料：机油(4升 5W/40),空滤芯 C72.5 2.8 3.0T,机滤C62.4 3.2 3.0T 2.8;
其他：

2019-06-10
后消音器 拆卸和安装;
公里 17400
备注：索赔
材料：右后消音器 -C7*CDN/CDZ/CLX/CNY;
其他：

2019-06-10
车辆移交检查，喷漆，后部侧围板 校平,后部侧围板 喷漆,备胎凹坑 校准,导流板 拆卸和安装,后保险杠 更新,后保险杠盖板 拆卸和安装,排气管 拆卸和安装,后保险杠喷漆,钣金/机械拆解报价;
公里 17400
备注：事故
材料：右后消音器 -C7*CDN/CDZ/CLX/CNY,管夹套总成 55*95MM,管夹套总成 55*95MM,中间消音器 -C7*T8Z/TF8,后杠下导流板亮条（镀铬的）,后保险杠,固定架,后杠下导流板 -C7;
其他：

2018-06-10
检查，包括更换机油，冬季服务活动检测,车辆前后检查,发动机润滑系统套餐/CTWD;
公里 14300
备注：保养
材料：润滑系统套餐,机滤C62.4 3.2 3.0T 2.8,机油(4升 5W/40);
其他：

2017-03-10
车辆移交检查，排放检查服务，夏季服务活动检测;
公里 6600
备注：小修
材料：2015夏季服务活动宣传品1;
其他：

2017-03-10
检查，包括更换机油，灰尘和花粉滤清器 拆卸和安装;
公里 6600
备注：首保
材料：首保
其他：

图 2-8-1　维修保养记录

（续）

离合器踏板、制动踏板、加速踏板	• 三个踏板的磨损程度应一致； • 踏板不容易全部更换
轮胎	• 轮胎品牌和生产日期应一致； • 轮胎生产日期应早于整车生产日期； • 轮胎的磨损程度不应达到极限
发动机大修	• 查看发动机支脚架、附件不应有拆卸、更换的痕迹； • 行驶里程过多、进水，都会导致发动机损伤，发动机可能进行大修

调表车常见现象

座椅塌陷	发动机新支脚架

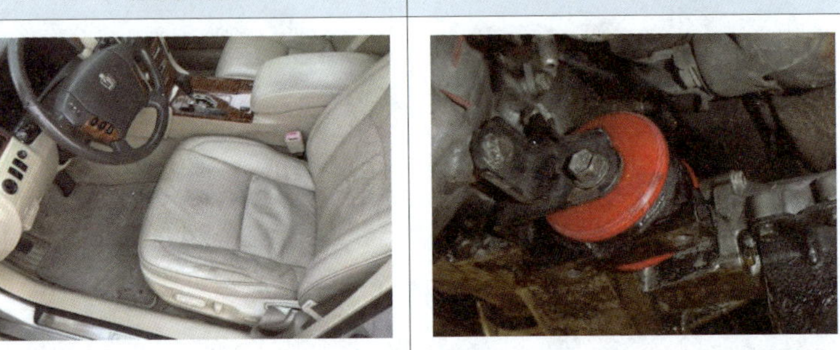

单是说不行，要紧的是做。

任务测评

一、知识测评

确定本任务关键词，按重要程度进行关键词排序并举例解读。

根据自己对重要信息捕捉、排序、表达、创新和划分权重能力进行自评，见表 2-8-2，满分 100 分。

表 2-8-2　检查调表车知识测评表

序号	关键词	举例解读	评分自定
1			
2			
3			
4			
5			
总分			

二、能力测评

对表 2-8-3 所列内容，操作规范即得分，操作错误或未操作即零分。

表 2-8-3　检查调表车能力测评表

序号	能力点	配分	得分
1	能够正确查询车辆维护保养记录	20	
2	能够查询记录内饰检查结果	20	
3	能够查询记录底盘检查结果	20	
4	能够查询记录发动机大修结果	20	
5	能够正确核对鉴定信息与查询信息	20	
总分		100	

三、素养测评

对表 2-8-4 所列素养点，做到即得分，未做到即零分。

表 2-8-4　检查调表车素养测评表

序号	素养点	配分	得分
1	安全作业，无安全隐患	20	
2	保护环境，无乱扔乱倒	20	
3	行为规范，无不当行为	20	
4	团队协作，无不洽关系	20	
5	场地“5S”	20	
总分		100	

四、拓展训练

（1）请说明市场中调表车常见吗。（满分 25 分）

（2）请说明车辆行驶里程调整方法。（满分 25 分）

（3）请按下列思维导图格式（见图 2-8-2），对检查调表车的学习收获进行总结，有一种不当行为，调整车辆行驶里程记录，将你对维修人员这种行为的评价归纳成一个词语，填写到思维导图的空格中。（满分 50 分）

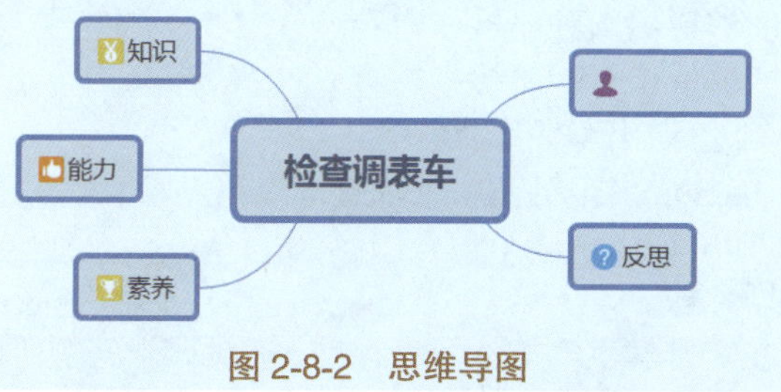

图 2-8-2　思维导图

学习笔记

学习考评

一、考评项目

客户王先生将需要进行鉴定评估的2017款2.0TSI御尊版帕萨特开到鉴定评估指定地点，二手车鉴定评估师高尚引导客户将车开到指定检测区，与王先生进行车辆交接后，组织人员按时开始对车辆进行静态技术鉴定，并将检查结果记录到二手车鉴定评估作业表中。

二、实施准备

1. 学生准备

学生在按照教学进度计划，已经完成了以下学习任务并达到了75分以上，可进行该学习考评的实施。

（1）理解并完成学习考评需要的相关知识和方法的学习，得分大于75分。

（2）运用学习考评需要的相关知识和规范进行作业，得分大于75分。

（3）按时、按质、按量完成相应作业，得分大于80分。

（4）具有自觉遵守技术标准和要求规定、规范操作、安全、环保、“5S”作业、团结协作的好习惯，得分大于80分。

（5）能够说出什么是碰撞事故车。

（6）能够说出车身外观的检查内容。

（7）能够说出发动机舱的检查内容。

（8）能够说出驾驶舱检查内容。

（9）能够说出行李舱检查内容。

（10）能够说出车辆底盘检查内容。

（11）能够说出车辆使用记录查询渠道。

（12）能够说出调表车检查内容。

2. 教师准备

（1）在安排学生实施学习考评前，通过课堂问题研讨、作业、实训和考核及其他方式，确认学生已经具备了实施学习考评所需的知识、技能和素养，并确保学生在安全状态下独立进行。

（2）对协助教师进行测评的学生进行测评和监督方法的培训，确保测评结果的准确性和公平性。

（3）准备好测评记录。

三、验证方法与标准

（1）每位测评人员负责对1名学生进行定点、全过程的监控和测评。

（2）详细记录学生在实施学习考评过程中的相关信息、数据、结果、操作方法、完成时间，以及出现错误、事故等情况。

（3）学习考评的作业过程和数据记录等，要求在60 min内完成，时间不足，可在即将结束时，口述剩余部分的作业方法。

（4）考核内容及评分标准见下表。

考核内容及评分标准

序号	评分项	得分条件	评分标准	配分	扣分
1	安全/5S/态度	□ 1. 能正确穿着工装 □ 2. 能正确佩戴胸牌 □ 3. 能正确与客户交谈，语气适中 □ 4. 能正确遵守礼仪礼节	未完成1项扣4分，扣分不得超过15分	15	
2	专业技能能力	□ 1. 能够向客户收取行驶证，引导客户将车辆并至指定检测区 □ 2. 能记录车辆基本信息 □ 3. 能进行车辆内饰及功能件检查，确认是否检修	未完成1项扣5分，扣分不得超过50分	50	

学习笔记

（续）

序号	评分项	得分条件	评分标准	配分	扣分
2	专业技能能力	□ 4. 能进行车辆外观检查，评定各部位的受损情况 □ 5. 能检查内衬钢梁、底盘纵梁、防火墙、传动系统、门槛、地板、结构焊点、铰链，评定各部位受损情况 □ 6. 能够检查水箱及水箱支架、前纵梁区、蓄电池、保险丝盒、进气系统、避振支座、发动机总成绩附件、副水箱及雨刮水壶、变速器总成、管路接头，评定各部位受损情况 □ 7. 能够检查行李舱功能、行李舱开启关闭功能、行李舱内部胶条导水槽、备胎槽，评定各部位的受损情况 □ 8. 能够进行车辆机械功能性检查制动系统、传动系统、悬挂系统、转向助力系统，评定各部位受损情况 □ 9. 能查询被鉴定评估车辆的历史维修和保养记录 □ 10. 能判断车辆使用里程与车辆损耗程度一致性			
3	工具及设备的使用	□ 1. 能正确填写二手车鉴定评估作业表 □ 2. 能正确使用各种测量工具 □ 2. 能正确使用举升机	未完成 1 项扣4分，扣分不得超过 10 分	10	
4	资料、信息查询能力	□ 1. 能正确在规定的时间内查询所需资料 □ 2. 能正确记录所需信息	未完成 1 项扣5分，扣分不得超过 10 分	10	

（续）

序号	评分项	得分条件	评分标准	配分	扣分
5	数据的判断和分析能力	□ 1. 能正确判断缺陷程度 □ 2. 能正确判断车辆合法性 □ 3. 能判别碰撞事故车	未完成 1 项扣4分，扣分不得超过 10 分	10	
6	表单填写与报告的撰写能力	□ 1. 字迹清晰 □ 2. 语句通顺 □ 3. 无错别字 □ 4. 无涂改 □ 5. 无抄袭与客户交谈，语气适中	未完成 1 项扣1分，扣分不得超过 5 分	5	
合计					

四、考评报告

说明：考评分为理论考评和实操考评，理论考评根据项目要求以及考评模板格式制定项目实施方案，方案经教师审核合格后，方可进行实操考评。考评报告模板详见附录 A。

学习笔记

拓展阅读——鉴定评估案例分析

一、车辆基本信息

日产公爵 CDUY31 进口车，车牌号码粤 AM1074，黑色，登记日期为 2011 年 1 月，排量为 V6 发动机 3.0 L，规费齐全，手续完整，可过户。

二、车辆配置

CVT 模拟 6 挡变速器，电动门窗和后视镜，电动前后座椅，自动空调，电子防盗，DVD 收音机，皮座椅，电动行李舱和油箱盖，制动前碟后鼓。

三、车辆检查

1. 静态检查

全车身做过翻新喷漆；发动机怠速及声音平稳，无异响，无渗漏，底盘大梁、管路及传动机构正常，轮胎磨损也无异常现象，但此车左前悬挂系统及左前翼子板被撞过，有修复痕迹；车身内部仪表、灯光、音响、空调、进挡、离合器、安全气囊、加速踏板、制动、车窗电动机、车门锁拉手等无异常现象；行李舱无事故痕迹，但右后边工具槽有霉坏现象，备胎桶有一个小孔。

2. 动态检查

起动正常，怠速正常平稳，考虑此车年份偏久和左前悬挂系统及左前翼子板被撞过。

按照必要的程序，对委托鉴定评估车辆进行了实地查勘与市场调查，并对其在鉴定评估基准日所表现的市场价值作出了公允反映。

思考：请仔细阅读上述车辆的基本信息、车辆配置、静态检查与动态检查过程，将基本信息、配置及客观的静态动态检查结果用思维导图绘制出来，突出描绘车辆有问题的部分，并仔细认真核对绘制内容与案例信息是否一致，有无缺漏，完成一份思维导图形式的鉴定报告。

学习笔记

学习笔记

项目三　鉴别车辆动态技术状况

一、项目描述

完成2018款红旗H5智联享动车型车辆的动态技术状况鉴定。

二、项目要求

符合国家二手车技术鉴定评估规范，完成2018款红旗H5智联享动车型车辆动态技术状况的鉴定评估。

（1）检查发动机工作性能；

（2）检查车辆路试技术状况；

（3）检查车辆路试后技术状况。

三、学习目标

（1）能够准确地说出发动机启动性能检查要求、发动机无负荷工况检查要求；

（2）能够准确地说出路试检查原则及检查项目；

（3）能够准确地说出路试后“四漏”检查内容；

（4）能够规范地检查发动机启动性能并记录检查结果；

（5）能够规范地检查发动机无负荷工况性能并记录检查结果；

（6）能够规范地进行路试检查并记录检查结果；

（7）能够规范地检查路试后车辆技术状况并记录检查结果；

（8）能够养成自觉遵守岗位职责和要求规定、规范行为、安全、环保、“5S”作业、团结协作的好习惯；

（9）树立坚韧勤勉的工作观。

四、学习载体

鉴定评估师杨帆在静态技术鉴定结束后，将张先生的车辆开至动态技术状况鉴定场地停稳熄火，鉴定评估师助理高尚再次检查机油液位、冷却液液位及质量、制冷液液位及质量、燃油箱油量均合格，检查冷却风扇传动带、制动踏板及制动灯、轮胎胎压均正常，结束路试前准备工作，告知杨帆可以进行动态技术状况鉴定。

学习笔记

学习笔记

任务一　检查发动机工作性能

职业行动

流程一：工作准备

1. 工作地点

二手车鉴定评估作业场地。

2. 工作设施

2018 款红旗 H5 智联享动车型、套筒扳手组合套具、手电筒、曲轴箱窜气测量仪、签字笔，见表 3-1-1。

表 3-1-1　工具设备

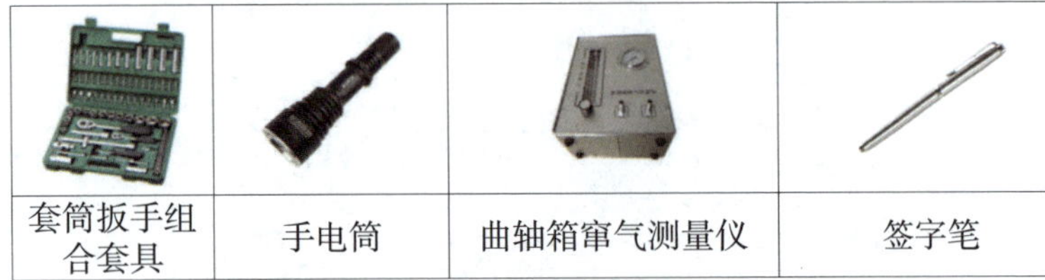

套筒扳手组合套具	手电筒	曲轴箱窜气测量仪	签字笔

3. 工作用品

二手车鉴定评估作业表、写字板、抹布。

流程二：检查发动机启动性能

（1）鉴定评估师助理高尚完成路试前准备作业。

（2）鉴定评估师杨帆坐到主驾驶位置，按下车辆一键启动开关，车辆正常启动，发动机启动性能正常，见图 3-1-1。

流程三：检查发动机无负荷工况

1. 检查发动机怠速性能

（1）杨帆观察转速表，发动机怠速稳定。

职业知识

工具设备及其功能

工具设备	功能
套筒扳手组合套具	拆装发动机舱遮挡物
手电筒	查看发动机
曲轴箱窜气测量仪	测量曲轴箱窜气量

发动机启动性能检查要求

正常	• 发动机一次未启动成功，第二次、第三次启动间隔至少 15 s； • 发动机应在 3 次内启动成功，且每次启动不超过 5 s
启动困难	• 发动机在 3 次内未按要求启动成功

发动机无负荷工况检查要求

发动机怠速性能	• 怠速应在（800 ± 50）r/min（具体车型具体对待）； • 发动机怠速运转应平稳、无抖动； • 开启空调，发动机转速应上升至 1 000 r/min 左右； • 发动机怠速，不应出现相比同款车型，转速过高、过低、发动机抖动等现象
发动机异响	• 怠速运转情况下，水温、机油压力正常，发动机不应有异响； • 用手调整节气门开度，提高发动机转速，发动机异响不应增大； • 提高发动机转速，发动机不应出现新的异响； • 发动机怠速应是“突突”声，且均匀平稳； • 发动机不应发出敲击声、“咔哒”声、“咯咯”声； • 发动机皮带不应发出尖叫声

不信不立，不诚不行。

学习笔记

（2）杨帆指派鉴定评估师助理高尚打开发动机舱盖，下车查看发动机怠速运转平稳、无抖动。

图 3-1-1　一键启动按键

2. 检查发动机异响

（1）高尚观察到车内水表温度正常，机油压力表正常，告知杨帆。

（2）杨帆仔细听发动机声音，声音无异响。

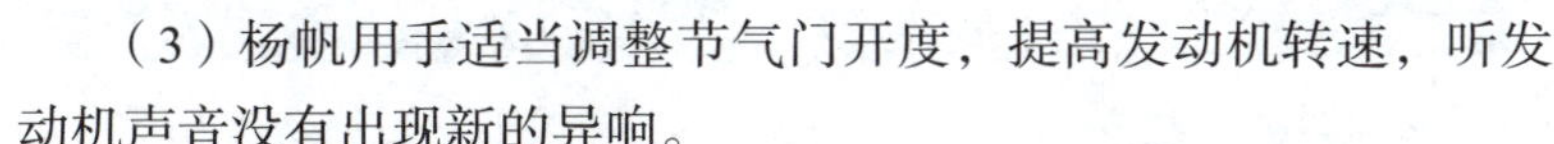

（3）杨帆用手适当调整节气门开度，提高发动机转速，听发动机声音没有出现新的异响。

3. 发动机急加速性能

（1）杨帆指派高尚将变速器杆挂入空挡，并轻踏加速踏板，使发动机转速缓缓升高。

（2）杨帆仔细听发动机声音，声音过度平稳，无异响，杨帆让高尚松开加速踏板。

（3）杨帆让高尚快速踩下加速踏板。

（4）杨帆仔细听发动机声音，发动机发出强有劲的轰鸣声，无放炮、回火现象。

（5）杨帆让高尚迅速松开加速踏板，发动机工作平稳，车辆未熄火。

4. 检查发动机曲轴箱窜气量

（1）杨帆指派高尚堵塞机油尺口、曲轴箱通风进出口，将曲轴箱密封。

（2）高尚将曲轴箱窜气测量仪取样头插入机油加注口内。

（3）杨帆查看仪器，读取数据。

5. 检查排气颜色

（续）

发动机急加速性能	• 怠速运转情况下，冷却液温度、机油压力正常后； • 空挡状态下，轻踏加速踏板，发动机转速缓缓升高后； • 发动机声音应过度平稳，且无异响； • 快速踩下加速踏板，应能够听到发动机发出强有劲的轰鸣声； • 发动机不应有放炮、回火现象； • 急加速后，快速松开加速踏板，发动机工作应平稳，且不熄火； • 缓加速或者急加速过程中，发动机不应出现异响
发动机曲轴箱窜气量	• 汽油机：新车 2~4 L/min； • 汽油机：16~22 L/min 需大修； • 柴油机：新车 3~8 L/min； • 柴油机：18~28 L/min 需大修，具体车型具体分析
排气颜色	• 车辆刚启动有白烟，发动机的温度升高后，白烟消失； • 排气不应冒黑烟； • 排气不应冒蓝烟或者灰烟； • 排气不应伴随着焦臭味； • 排气不应冒白烟且伴随着水汽； • 排气管口不应有水珠
排气气流	• 把手放在距离排气管管口大概 10cm 处，排气气流有很小的脉冲感； • 手感觉排气气流不应出现周期性的“打嗝”或者不平稳的喷溅情况； • 白纸悬挂在靠近排气口 10 cm 左右，排气气流应能吹开白纸； • 白纸不应出现偶尔被吸向排气管管口

学习笔记

（1）杨帆走到车辆后方，蹲下查看排气管排气颜色，见图3-1-2；

（2）排气颜色无色、无怪味、无水滴。

图 3-1-2 发动机尾气正常

6. 检查排气气流

（1）高尚将一张白纸悬挂在靠近排气口 10 cm 左右。

（2）杨帆查看白纸不断地被排气气流吹开，未出现白纸偶尔被吸向排气管管口现象。

流程四：填写启动检查项目作业表

（1）鉴定评估师助理高尚在鉴定评估师杨帆检查过程中，及时将检查结果记录到启动检查项目作业表中。

（2）杨帆检查车体结构作业结束后，查看高尚所填写的启动检查项目作业表，填写无误，见图 3-1-3。

启动检查项目作业表

序号	检查项目	A	C
65	车辆启动是否顺畅(时间少于 5 s，或一次启动	是	否
66	仪表板指示灯显示是否正常，无故障报警	是	否
67	各类灯光和调节功能是否正常	是	否
68	泊车辅助系统工作是否正常	是	否
69	制动防抱死系统（ABS）工作是否正常	是	否
70	空调系统风量、方向调节、分区控制、自动控制、制冷工作是否正常	是	否
71	发动机在冷、热车条件下怠速运转是否稳定	是	否
72	怠速运转时发动机是否无异响，空档状态下逐渐增加发动机转速，发动机声音过渡是否无异响	是	否
73	车辆排气是否无异常	是	否
74	其他	只描述缺陷，不扣分	

鉴定科目	鉴定结果得分	缺陷描述
启动检查	15	无

图 3-1-3 启动检查项目作业表示例

发动机无负荷工况常见现象

排气冒黑烟	排气冒蓝烟

扣分填写要求

- 选择 A 不扣分；
- 第 65、66 项选择 C 扣 2 分；
- 第 67 项选择 C 扣 1 分；
- 第 68 至 71 项，选择 C 扣 0.5 分；
- 第 72、73 项选择 C 扣 10 分；
- 总分共计 20 分，扣完为止

缺陷描述填写要求

- 记录缺陷部位名称；
- 清楚描述缺陷现象；
- 检查第 66 项时发现仪表板指示灯显示异常或出现故障报警，则应查明原因；
- 在《二手车鉴定评估报告》或《二手车技术状况鉴定书》的技术状况缺陷描述中予以注明

不信不立，不诚不行。

任务测评

一、知识测评

确定本任务关键词，按重要程度进行关键词排序并举例解读。

根据自己对重要信息捕捉、排序、表达、创新和划分权重能力进行自评，见表 3-1-2，满分 100 分。

表 3-1-2　检查发动机工作性能知识测评表

序号	关键词	举例解读	评分自定
1			
2			
3			
4			
5			
总分			

二、能力测评

对表 3-1-3 所列内容，操作规范即得分，操作错误或未操作即零分。

表 3-1-3　检查发动机工作性能能力测评表

序号	能力点	配分	得分
1	能够正确检查发动机启动性能	20	
2	能够正确检查发动机怠速性能	20	
3	能够正确检查急加速性能	20	
4	能够正确检查发动机异响	20	
5	能够正确检查排气颜色	20	
总分		100	

三、素养测评

对表 3-1-4 所列素养点，做到即得分，未做到即零分。

表 3-1-4　检查发动机工作性能素养测评表

序号	素养点	配分	得分
1	安全作业，无安全隐患	20	
2	保护环境，无乱扔乱倒	20	
3	行为规范，无不当行为	20	
4	团队协作，无不洽关系	20	
5	场地“5S”	20	
总分		100	

四、拓展训练

（1）请说明发动机会出现哪些异响。（满分 25 分）

（2）请说明发动机冒白烟且伴随水滴是什么原因造成的。（满分 25 分）

（3）请按下列思维导图格式（见图 3-1-4），对检查发动机工作性能的学习收获进行总结，结合学习，区分一下鉴定工作和机修工作的不同，将你的理解归纳成一个词语，填写到思维导图的空格中。（满分 50 分）

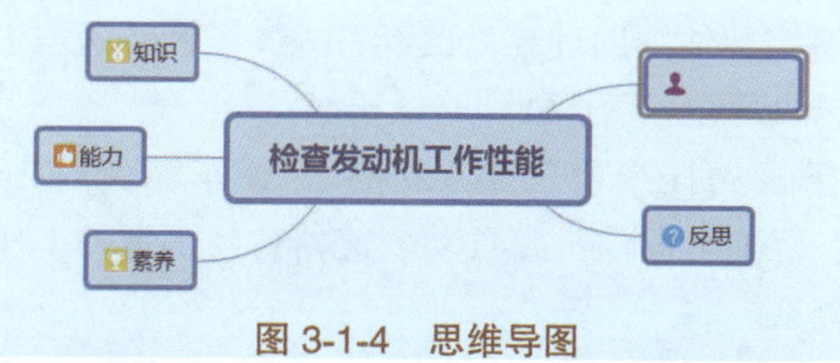

图 3-1-4　思维导图

学习笔记

任务二 检查车辆路试技术状况

职业行动

流程一：工作准备

1. 工作地点

车辆路试场地。

2. 工作设施

2018 款红旗 H5 智联享动车型、套筒扳手组合套具、手电筒、秒表、卷尺，见表 3-2-1。

表 3-2-1 工具设备

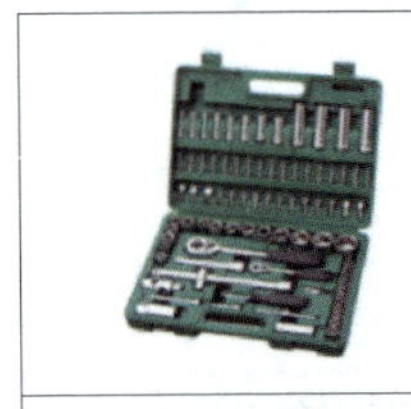			
套筒扳手组合套具	手电筒	秒表	卷尺

3. 工作用品

二手车鉴定评估作业表、写字板、抹布、签字笔。

流程二：检查自动变速器

1. 检查升挡

（1）鉴定评估师助理高尚已经打火，车辆转速均正常后，鉴定评估师杨帆驾驶车辆行驶到路试场地。

（2）杨帆先挂入前进挡（D 挡），使车辆保持中低速行驶 5~10 min，行驶至发动机和自动变速器达到正常的工作温度后，开始进行测试。

职业知识

工具设施及其功能

工具设备	功能
套筒扳手组合套具	拆装检查部位遮挡物
手电筒	查看车辆光线不清晰部分
秒表	记录时间
卷尺	测量制动距离

路试检查原则

- 路试时间最好控制在 10 ～ 15 min；
- 路试前，原地空踩几次加速踏板，将转速提升至 4 000 ～ 5 000 r/min 时，发动机声音应明快，转速表显示应灵敏；
- 松开加速踏板，转速表能够迅速下降到怠速状态，并保持怠速；
- 转速迅速下降到怠速以下，不应有明显抖动甚至熄火；
- 发动机有故障，则应停止路试

自动变速器检查要求

升挡	• 发动机水温达到工作温度； • 自动变速器温度达到工作温度； • 车辆起步加速升挡时，发动机会出现瞬时转速下降，车身会有轻微的颤动感； • 车速逐渐升高，车辆应能顺畅由 1 挡升入 2 挡，再由 2 挡升入 3 挡； • 车辆逐步升挡，最后升入超速挡

 3-1

车辆路试检查

有志者，事竟成。

（3）杨帆缓缓踩下加速踏板，使节气门保持在 1/2 开度左右，使车辆起步加速，见图 3-2-1。

（4）杨帆观察仪表升挡情况，车辆升挡时出现瞬时转速下降，车身微微颤抖，升挡情况正常。

2. 检查升挡车速

（1）杨帆使节气门保持在固定挡位，让车辆加速。

（2）杨帆观察挡位从 1 挡升至 2 挡，车速为 15 ～ 25 km/h，告知高尚记录。

（3）杨帆观察 2 挡升至 3 挡车速为 25 ～ 35 km/h，3 挡升至 4 挡的车速为 35 ～ 50 km/h，4 挡升至 5 挡车速为 50 ～ 80 km/h，5 挡升至 6 挡车速为 80 km/h 以上，见图 3-2-2，告知高尚记录。

图 3-2-1　缓缓踩下加速踏板

图 3-2-2　检查升挡车速

3. 检查升挡发动机转速

杨帆将车速降至起步状态后，踩下加速踏板将车速由起步升至高速挡整个过程，观察发动机转速均低于 3 000 r/min，且大于 2 000 r/min，发动机转速正常。

4. 换挡质量

杨帆观察在挡位变换时变速器冲击十分微弱，不存在明显冲击。

5. 检查锁止离合器

杨帆将车速升至高于 80 km/h 行驶，突然松开加速踏板，观察发动机转速没有明显变化，锁止离合器工作正常。

（续）

升挡车速	• 车辆每个挡位车速应与厂商参数匹配，不应出现“过早换挡”或者“太迟升挡”； • 车辆行驶中加速性能应良好； • 车辆加速过程中应无明显换挡冲击
升挡发动机转速	• 车辆在 1 800 ～ 2 000 r/min 应能够完成升挡； • 排量 3.0 以上车辆，在 1 500 ～ 1 800 r/min 应能够完成升挡； • 具体车型具体分析
换挡质量	• 电控自动变速器换挡冲击应十分微弱
锁止离合器	• 车速升至高于 80 km/h 行驶； • 突然松开加速踏板，发动机转速不应有明显变化
发动机制动	• 行车过程中突然松开加速踏板后，车速应立即下降
强制降挡	• 车速稳定后，突然将加速踏板完全踩到底，变速器应强制降挡； • 发动机转速不应出现不降反升现象

手动变速器离合器检查方法及要求

项目	方法	要求
分离彻底	• 启动车辆至发动机怠速状态； • 离合器踏板踩到底，感觉挂挡是否困难； • 倾听变速器齿轮有无异响	• 挂挡过程不应感觉困难； • 挂挡过程不应出现变速器齿轮有刺耳的撞击声； • 挂挡后不应出现不抬起离合器，车辆依然行驶
打滑	• 挂挡后，车辆起步，不应出现起步困难、加速无力现象	• 离合器不应打滑； • 驾驶室不应闻到烧焦味

学习笔记

学习笔记

6. 检查发动机制动

杨帆将车速升至 60 km/h，突然松开加速踏板后，车速立即下降，发动机制动作用正常。

7. 检查强制降低

杨帆将车速稳定在 50 km/h 时，突然将加速踏板完全踩到底，观察自动变速器被强制降挡。

流程三：检查动力性能

1. 检查加速时间

（1）杨帆将车辆开回测试原点，将车辆从静止加速至 100 km/h。

（2）高尚用秒表记录车辆从静止加速至 100 km/h 所用时间为 10.20 s，与官方给出的加速时间相差不大。

2. 检查最高车速

杨帆将车速降至 40 km/h，继续踩下加油踏板，测试最高车速，测试最高车速为 210 km/h。

3. 检查急加速性能

杨帆将车辆静止，车辆起步后，猛踩加速踏板，发动机发出轰鸣声，车速迅提升。

4. 检查爬坡性能

杨帆将车辆开至坡道，加速能够感觉提速有力。

流程四：检查制动性能

1. 检查行车制动

（1）杨帆将车辆静止熄火，高尚下车，杨帆踩下制动踏板，启动发动机，感觉制动踏板没有明显下移。

（2）车辆起步后，杨帆先点踩制动踏板，观察车辆正常制动。

（2）杨帆再以 20 km/h 的车速行驶，进行一次紧急制动，观察制动可靠，无跑偏、甩尾情况。

（续）

异响	• 发动机怠速状态下，反复缓缓踩下和松开离合器踏板，听是否有异响	• 分离轴承磨损严重、回位弹簧过软折断、膜片弹簧支架有故障会出现异响

手动变速器离合器检查方法及要求

项目	方法	要求
挂挡	• 将换挡杆换至各个挡位，查看是否能够顺畅挂上各挡位； • 手感有无挂挡困难； • 倾听声音有无异响	• 挂挡过程不应出现困难、异响； • 挂挡后不应挂挡不到位； • 挂挡后不应出现难以回到空挡
换挡	• 在发动机熄火后，用手握住换挡杆，并轻轻摇动； • 感受换挡杆是否松旷摇动； • 感受换挡过程是否困难	• 发动机熄火后，摇晃换挡杆不应感受到松旷； • 换挡过程不应感到困难
自动跳挡	• 车辆高速行驶，逐步挂入各个挡位； • 在某一挡位，突然加减速，观察车辆是否跳挡	• 正常挂入某一挡位，换挡杆不应自动跳回空挡； • 挂入某一挡位；突然加减速，车辆不应突然跳挡
异响	• 倾听挂入每个挡位运行时，是否存在异响； • 发动机在怠速情况下，倾听空挡时是否有异响	• 挂入空挡，不应出现异响； • 挂入前进挡及倒挡，均不应出现异响

有志者，事竟成。

（3）杨帆将车辆加速至 50 km/h，先点制动方法，观察车辆立即减速，无跑偏。

（4）杨帆将车速升至 100 km/h，再踩下制动踏板的 4/5 紧急制动，将车辆停下，告知高尚测量制动距离并记录，制动距离为 42.02 m，与厂家参数基本一致。

2. 检查驻车制动

杨帆将车辆停在坡路上，抬起电子手制动，观察车辆未出现溜车情况。

流程五：检查转向性能

1. 检查专项灵活轻便性

（1）杨帆将车辆停放在宽阔平坦的路面上，左右转动转向盘，查看转向盘灵活、轻便。

（2）杨帆将转向盘从右到左打满，再反向打满，查看两次所转圈数一致。

2. 检查自动回正

杨帆将车辆行驶过较小外部干扰的路面后，车辆能够自动回正。

3. 检查直线行驶

（1）杨帆将车速稳定在 50 km/h 直线行驶。

（2）杨帆双手松开转向盘，观察车辆仍然直线行驶。

4. 检查转向轮摆动

杨帆将车速升至 90 km/h 以上行驶，查看转向盘无摆动现象。

5. 检查异响

杨帆将车窗打开，将转向盘向左打满，再向右打满，听到转向系统无异响。

动力性能检查要求	
加速时间	• 路试时，应选择足够长距离且开阔的柏油马路； • 检查并记录车辆从静止加速到 100 km/h 所用时间； • 测试结果应与官方厂商给出参数基本一致
最高车速	• 车辆最高车速，与官方厂商理论配置参数应基本一致
急加速性能	• 发动机应发出强劲的轰鸣声； • 车速应迅速提升； • 加速性能应与官方厂商理论配置参数基本一致
爬坡性能	• 车辆在坡路上提速应有力； • 不应出现动力不足，功率不足现象
制动性能检查要求	
行车制动	• 点踩制动踏板，车辆应能正常制动； • 进行紧急制动后，制动应可靠，车辆不应出现跑偏、甩尾情况； • 踩下制动踏板，脚感应不出现踩棉花感觉； • 踩下制动踏板，脚感应不出现踩砖头感觉； • 踩下制动踏板，脚下不应有冲击感； • 制动过程中，不应听到尖叫声； • 测量制动距离及跑偏了应与官方厂商理论配置参数基本一致
驻车制动	• 车辆在坡路上实施驻车制动，不应出现溜车情况
转向性能检查要求	
转向灵活轻便性	• 转向盘转向过程应灵活、轻便； • 转向盘从右至左打满与从左至右打满圈数应一致
自动回正	• 车辆收到较小外部干扰，应能自动回正

学习笔记

学习笔记

流程六：检查行驶平顺性能

1. 检查平顺性

（1）杨帆将车停好，告知高尚坐在后排座椅。

（2）杨帆将车辆行驶至不平整颠簸路面，感受车辆行驶平顺。

（3）杨帆将车辆行驶至多弯路段，未听到从车底发出忽大忽小的嘎吱生或低沉噪声。

2. 检查舒适性

杨帆询问高尚后排座椅乘坐舒适度，高尚反馈后排乘坐舒适。

流程七：检查风噪声

杨帆将车辆行驶至平整路面，关闭车窗，使汽车高速行驶，未听到车外过大的风噪声。

流程八：填写路试检查项目作业表

（1）鉴定评估师助理高尚在鉴定评估师杨帆检查过程中，及时将检查结果记录到启动检查项目作业表中。

（2）杨帆路试技术状况检查结束后，查看高尚所填写的启动检查项目作业表，填写无误，见图 3-2-3。

路试检查项目作业表

序号	检查项目	A	C
75	发动机运转、加速是否正常	是	否
76	车辆启动前踩下制动踏板，保持 5 ～ 10 s，踏板无向下移动的现象	是	否
77	踩住制动踏板启动发动机，踏板是否向下移动	是	否
78	行车制度系最大制动效能在踏板全行程的 4/5 以内达到	是	否
79	行驶是否无跑偏	是	否
80	制动系统工作是否正常有效、制动不跑偏	是	否
81	变速箱工作是否正常、无异响	是	否
82	行驶过程中车辆底盘部位是否无异响	是	否
83	行驶过程中车辆转向部位是否无异响	是	否
84	其他	只描述缺陷不扣分	
鉴定科目	鉴定结果（得分）	缺陷描述	
路试检查	15	无	

图 3-2-3　路试检查项目作业表示例

（续）

直线行驶	• 车速 50 km/h 左右行驶时，双手松开转向盘，车辆应保持直线行驶
转向轮摆动	• 90 km/h 以上行驶，转向盘不应出现摆动现象
异响	• 转动转向盘时，不应出现异响
行驶平顺性能、滑行性能、风噪声检查要求	
平顺性能	• 车辆行驶至粗糙、有凸起路面、铁轨、公路接缝处，不应有明显的颠簸感； • 车辆行驶至转多弯路段，不应听到忽大忽小的咯吱声或者低沉噪声
滑行性能	• 平摊路面空挡滑行距离应与官方厂商理论配置参数基本一致
风噪声	• 车辆高速行驶，关闭车窗情况下不应听到较大风噪声
扣分填写要求	
• 选择 A 不扣分； • 选择 C 扣 2 分； • 总分共计 15 分，扣完为止	
缺陷描述要求	
• 记录缺陷部位名称； • 清楚描述缺陷现象； • 检查第 80 项时发现制动系统出现制动距离长、跑偏等不正常现象，应在《二手车鉴定评估报告》或《二手车技术状况表》的技术缺陷描述中予以注明，并提示修复前不宜使用	

有志者，事竟成。

学习笔记

任务测评

一、知识测评

确定本任务关键词，按重要程度进行关键词排序并举例解读。

根据自己对重要信息捕捉、排序、表达、创新和划分权重能力进行自评，见表 3-2-2，满分 100 分。

表 3-2-2　检查车辆路试技术状况知识测评表

序号	关键词	举例解读	评分自定
1			
2			
3			
4			
5			
总分			

二、能力测评

对表 3-2-3 所列内容，操作规范即得分，操作错误或未操作即零分。

表 3-2-3　检查车辆路试技术状况能力测评表

序号	能力点	配分	得分
1	能够正确检查自动变速器性能	20	
2	能够正确检查动力性能	20	
3	能够正确检查制动性能	20	
4	能够正确检查平顺性能	20	
5	能够正确检查转向性能	20	
总分		100	

三、素养测评

对表 3-2-4 所列素养点，做到即得分，未做到即零分。

表 3-2-4　检查车辆路试技术状况素养测评表

序号	素养点	配分	得分
1	安全作业，无安全隐患	20	
2	保护环境，无乱扔乱倒	20	
3	行为规范，无不当行为	20	
4	团队协作，无不洽关系	20	
5	场地“5S”	20	
总分		100	

四、拓展训练

（1）请说明手动变速器性能如何检查。（满分 25 分）

（2）请说明车辆舒适性与哪些零部件性能有关。（满分 25 分）

（3）请按下列思维导图格式（见图 3-2-4），对检查车辆路试技术状况的学习收获进行总结，结合检查学习，你认为鉴定工作最需要的工作态度与技能，各选三种排序最靠前的填写到思维导图的空格中。（满分 50 分）

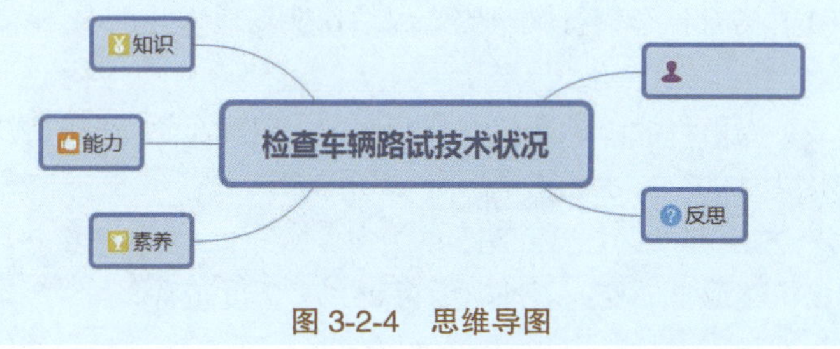

图 3-2-4　思维导图

任务三　检查车辆路试后技术状况

职业行动

流程一：工作准备

1. 工作地点

鉴定评估作业场地。

2. 工作设施

2018 款红旗 H5 智联享动车型、套筒扳手组合套具、手电筒、诊断仪、红外线测温仪，见表 3-3-1。

表 3-3-1　工具设备

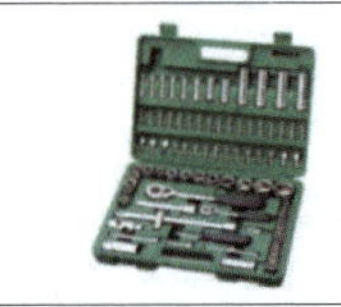			
套筒扳手组合套具	手电筒	诊断仪	红外线测温仪

3. 工作用品

二手车鉴定评估作业表、写字板、抹布、签字笔。

流程二：检查各部件温度

1. 检查冷却液温度

（1）杨帆将车辆行驶至鉴定评估作业场地举升机中，将车辆熄火。

（2）高尚将故障诊断仪安装到车内，启动车辆，杨帆读取发动机水温为 90°，水温正常。

2. 检查自动变速器油温度

杨帆读取自动变速器油温度为 85℃，温度正常。

职业知识

工具设施及其功能

工具设备	功能
套筒扳手组合套具	拆装检查部位遮挡物
手电筒	查看车辆光线不清晰部分
诊断仪	读取车辆数据
红外线测温仪	测量各零部件温度

各部件温度检查要求

部件	要求
冷却液	• 温度范围：80~100 ℃
机油	• 机油温度应不高于 90 ℃
齿轮油	• 齿轮油温度应不高于 85 ℃
轮毂	• 轮毂温度是否过高
其他有关运动件	• 制动鼓、传动轴、变速器壳、中间支撑等不应过热； • 以上任意检查项目均应与同款车型参数基本一致

“四漏”检查要求

项目	要求
漏水	• 发动机工作及停车后，散热器、水泵、缸盖、气缸、暖风装置及连接部位不应漏水或者渗水。
漏气	• 发动机排气系统有无漏气； • 气压制动车辆，管路系统、气泵、气罐及阀体不应有损坏
漏电	• 发动机点火系统不应有漏电
漏油	• 发动机机油不应泄漏； • 变速器、离合器、主减速器不应漏油； • 转向助力油不应泄漏；

与朋友交，言而有信。

3. 检查轮毂温度

（1）高尚将车辆举升，杨帆利用红外线测温仪测量轮毂外侧温度为 40℃，温度正常。

（2）杨帆站到车辆下方，测量轮毂内侧与半轴之间温度为 50℃，温度正常。

4. 检查各运动部件温度

杨帆查看制动盘、制动片、变速器壳、半轴均未出现过热现象。

流程三：检查“四漏”

1. 检查漏水

杨帆查看发动机工作及停车时，散热器、水泵、缸盖、气缸、暖风装置及连接部位无漏水。

2. 检查漏气

（1）杨帆查看发动机排气系统无漏气。

（2）高尚将车辆降至地面，打开发动机舱盖，杨帆查看进气系统无漏气。

3. 检查漏电

高尚用手电筒照射发动机舱点火系统，杨帆查看点火系统无漏电。

4. 检查漏油

（1）高尚将车辆熄火，车辆静止 5 min。

（2）高尚将车辆举升，杨帆查看发动机无机油泄漏。

（3）杨帆查看变速器、主减速器均无漏油。

（4）杨帆查看制动液各个管路及制动分泵均无漏油。

（5）杨帆查看悬架系统的减振器，无漏油。

（6）高尚将车辆降至地面。

（续）

	• 制动液管路及制动分泵均不应有泄漏； • 悬架系统减振器不应漏油

路试后缺陷填写要求

- 记录缺陷部位名称；
- 清楚描述缺陷现象；
- 缺陷描述补充记录在相应的检查项目作业表中，并扣除相应分数

路试后常见现象

漏水	漏机油 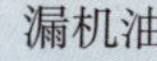

漏制动液	减振器漏油

学习笔记

3-2

动态外观泄漏检查

学习笔记

任务测评

一、知识测评

确定本任务关键词,按重要程度进行关键词排序并举例解读。

根据自己对重要信息捕捉、排序、表达、创新和划分权重能力进行自评，见表 3-3-2，满分 100 分。

表 3-3-2　检查车辆路试后技术状况知识测评表

序号	关键词	举例解读	评分自定
1			
2			
3			
4			
5			
总分			

二、能力测评

对表 3-3-3 所列内容，操作规范即得分，操作错误或未操作即零分。

表 3-3-3　检查车辆路试后技术状况能力测评表

序号	能力点	配分	得分
1	能够正确检查运动部件温度	20	
2	能够正确检查冷却液温度	20	
3	能够正确检查自动变速器温度	20	
4	能够正确检查漏水、漏气	20	
5	能够正确检查漏电、漏油	20	
总分		100	

三、素养测评

对表 3-3-4 所列素养点，做到即得分，未做到即零分。

表 3-3-4　检查车辆路试后技术状况素养测评表

序号	素养点	配分	得分
1	安全作业，无安全隐患	20	
2	保护环境，无乱扔乱倒	20	
3	行为规范，无不当行为	20	
4	团队协作，无不洽关系	20	
5	场地“5S”	20	
总分		100	

四、拓展训练

（1）请说明漏水、漏油怎样检查。（满分 25 分）

（2）请说明车辆存在“四漏”对车辆价值有哪些影响。（满分 25 分）

（3）请按下列思维导图格式（见图 3-3-1），对检查车辆路试后技术状况的学习收获进行总结，诚信鉴定与诚信评估是鉴定与评估要求的第一素质，虚假鉴定与评估不仅是职业道德问题，也是关乎违法问题，搜集一个虚假鉴定与评估案例，将你对这种行为归纳成一个词语，填写到思维导图的空格中。（满分 50 分）

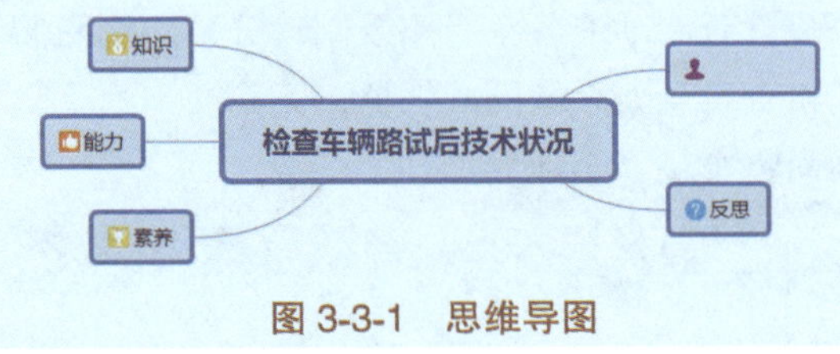

图 3-3-1　思维导图

与朋友交，言而有信。

学习笔记

学习考评

一、考评项目

客户王先生将需要进行鉴定评估的 2017 款 2.0TSI 御尊版帕萨特开到鉴定评估指定地点，二手车鉴定评估师助理高尚将车开到指定检测区，齐红做好动态技术状况鉴定准备，高尚开始对车辆进行动态技术鉴定，并将检查结果记录到二手车鉴定评估作业表中。

二、实施准备

1. 学生准备

学生在按照教学进度计划，已经完成了以下学习任务并达到了 75 分以上，可进行该学习考评的实施。

（1）理解并完成学习考评需要的相关知识和方法的学习，得分大于 75 分。

（2）运用学习考评需要的相关知识和规范进行作业，得分大于 75 分。

（3）按时、按质、按量完成相应作业，得分大于 80 分。

（4）具有自觉遵守技术标准和要求规定、规范操作、安全、环保、“5S”作业、团结协作的好习惯，得分大于 80 分。

（5）能够说出发动机启动性能检查内容。

（6）能够说出发动机无负荷工况检查内容。

（7）能够说出路试检查原则及检查内容。

（8）能够说出路试后“四漏”检查内容。

2. 教师准备

（1）在安排学生实施学习考评前，通过课堂问题研讨、作业、实训和考核及其他方式，确认学生已经具备了实施学习考评所需的知识、技能和素养，并确保学生在安全状态下独立进行。

（2）对协助教师进行测评的学生进行测评和监督方法的培训，确保测评结果的准确性和公平性。

（3）准备好测评记录。

三、验证方法与标准

（1）每位测评人员负责对 1 名学生进行定点、全过程的监控和测评。

（2）详细记录学生在实施学习考评过程中的相关信息、数据、结果、操作方法、完成时间，以及出现错误、事故等情况。

（3）学习考评的作业过程和数据记录等，要求在 60 min 内完成，时间不足，可在即将结束时，口述剩余部分的作业方法。

（4）考核内容及评分标准见下表。

考核内容及评分标准

序号	评分项	得分条件	评分标准	配分	扣分
1	安全 /5S/ 态度	□ 1. 能正确穿着工装 □ 2. 能正做好安全防护 □ 3. 能正确检查路试前车辆状况 □ 4. 能正确遵守礼仪礼节	未完成 1 项扣 4 分，扣分不得超过 15 分	15	
2	专业技能能力	□ 1. 能够将车辆行驶至动态技术状况鉴定场地 □ 2. 能够正确将车辆停稳熄火 □ 3. 能够正确启动车辆，检查启动性能并记录 □ 4. 能够正确使车辆怠速并开启相应设备 □ 5. 能够在车辆行驶前进中正确检查发动机性能 □ 6. 能够在车辆行驶前进中	未完成 1 项扣 4 分，扣分不得超过 50 分	50	

学习笔记

（续）

序号	评分项	得分条件	评分标准	配分	扣分
2	专业技能能力	确检查变速器 □ 7. 能够正确检查动力性 □ 8. 能够正确检查制动性能 □ 9. 能够正确检查转向性能 □ 10. 能够正确检查行驶平顺性 □ 11. 能够正确检查滑行性能 □ 12. 能够正确检查风噪声 □ 13. 能够正确检查路试后车辆“四漏”情况			
3	工具及设备的使用	□ 1. 能正确填写二手车鉴定评估作业表 □ 2. 能正确使用各种测量工具 □ 2. 能正确使用举升机	未完成 1 项扣 4 分，扣分不得超过 10 分	10	
4	资料、信息查询能力	□ 1. 能正确在规定的时间内查询所需资料 □ 2. 能正确记录所需信息	未完成 1 项扣 5 分，扣分不得超过 10 分	10	
5	数据的判断和分析能力	□ 1. 能正确判断车辆性能 □ 2. 能正确判断车辆路试性能 □ 3. 能正确判断车辆路试后性能	未完成 1 项扣 4 分，扣分不得超过 10 分	10	
6	表单填写与报告的撰写能力	□ 1. 字迹清晰 □ 2. 语句通顺 □ 3. 无错别字 □ 4. 无涂改 □ 5. 无抄袭与客户交谈，语气适中	未完成 1 项扣 1 分，扣分不得超过 5 分	5	
合计					

四、考评报告

说明：考评分为理论考评和实操考评，理论考评根据项目要求以及考评模板格式制定项目实施方案，方案经教师审核合格后，方可进行实操考评。考评报告模板详见附录 A。

学习笔记

拓展阅读——鉴定评估案例分析

一、车辆基本信息

评估车辆的厂牌型号金杯 RZH115LB，号牌号码粤 AA1A034，发动机号 1864150；车辆识别代号 / 车架号 000788；发动机排量 2400cc（1cc=1mL）；累计行驶里程 12 万公里；登记日期 2009 年 6 月；年审检验合格至 2017 年 4 月；公路规费、购置附加税、车船使用税和保险等证照与费用齐全有效。

二、车辆配置

丰田 4Y 发动机和底盘，助力转向盘，制动前碟后鼓，电动窗，中控门锁，手动前后中央空调，单碟 CD 收音，12 座皮座椅。

三、车辆检查

1. 静态检查

发动机舱没有专业清洗过的痕迹，但是较清洁，说明两个问题。第一，发动机没有渗漏油渍；第二，该车工作条件和环境很好。另外，发动机怠速运转平稳，声音较安静，没有国产金杯车正常有的气门“哒哒”声。底盘平整，传动轴总成和后桥及后悬架总成都无异常现象。排气管出口无锈蚀和积炭现象。轮胎较新、无异常磨损现象。车身钣金平整，漆面光泽正常，但前后护杠重新做过喷漆。车身内部仪表、灯光、音响、空调、离合器进挡、加速踏板、车窗电动机、门锁、座位调动装置等都很正常。车身地板钣金没有锈蚀现象，各部位卫生清洁，没有运货现象。

2. 动态检查

起动正常，挡位清晰、换挡轻松，加速平稳，传动轴及尾牙无异响，发动机加速声音较小，车辆提速及时，车身内外隔音较好。转向系灵活，无跑偏和发抖现象，左向和右向打到底转弯时，平顺且无异响。

四、车辆鉴定估价

1. 车况鉴定：技术状况较好

该车由沈阳生产，但核心部件为进口件，属于广州政府机关车，使用强度不大，使用条件和行驶环境也较好，加之日常维护保养规范，整车动力性、操控感、可靠性和经济性等方面的综合表现较好。该车前后护杠重新做过喷漆，无损整车车况，反而使目测成新率更高，但该车使用年份较长，并不考虑成新率的增值。

2. 估算价格

该车是热门二手车交易类型，价格不高，但用途广，公务、商务和货运都可兼顾。所以本车估算的价格依据可以从三方面考虑：第一，用途所产生的收益现值；第二，技术状况及将来核心部件的维护成本；第三，使用年份的贬值及同类型新车产生的经济性贬值。

1）收益现值法估价

（1）该车使用年限为 10 年，可申请延期使用，但最长延期年限不能超过 10 年。

（2）该车预计年基本支出费用约 7 520 元。其中，路费 3 000 元，年票 980 元，交强险 1 100 元，车船使用税 240 元，年审费 200 元（10 年延期后年审两次），维修保养费 2 000 元。

（3）价值举例，该车带司机给一家公司用于商务或公务，每月可回利 4 500 元，除去司机劳务费 2 000 元和月基本支出费用 626 元（7 520 元按 12 个月分摊）还剩余 1 874 元。那么该车一年可获利 22 488 元。

（4）综合考虑以上三点，该车剩余年限两年半，累计可获利 5.62 万元（2.5 年，22 488 元 / 年），但同时要考虑资金收益率、银行利率及风险率，三项累计约 15%，最后该车的估价应为 4.78 万元左右（5.62 × 85%）。

学习笔记

2）重置成本法估价

重置成本法估价：评估值 p= 重置成本 × 成新率。

类似配置的金杯阁瑞斯市场成交价为 16 万元，作为本车的重置成本。

成新率 =（1- 已使用年限 / 规定使用年限）综合调整系数 100% =[1-7 年 5 个月（折合 89 个月）/10 年（折合 120 个月）] 1.1 100% =28%。

综合调整系数取 1.1，经过对车辆的技术鉴定和全面了解，各影响综合调整系数取值为：a. 技术状况好取 1.2；b. 维护情况好取 1.1；c. 制造质量属国产名牌取 1；d. 工作性质属公务车取 1；e. 工作条件好取 1。采用加权平均法估算综合调整系数为：1.2 30%+1.1 25%+1 20%+1 15%+1 10%=1.1。

评估值 p= 重置成本 × 成新率 =16×28%=4.48 万元买卖双方成交参考底价。

综合收益现值法估价和重置成本法估价两种估价结果，参照现行市价，该车为值版车，最后确定该车市场成交价约为 5 万元左右。

思考：请仔细阅读上述车辆基本信息、车辆配置、车辆检查及车辆鉴定估价，将基本信息、配置、客观的车辆检查结果及正确的鉴定价格用思维导图绘制出来，突出描绘车辆有问题的部分，并仔细认真核对绘制内容与案例信息是否一致有无缺漏，完成一份思维导图形式的鉴定报告。

学习笔记

学习笔记

项目四　检测车辆主要技术性能

一、项目描述

完成2018款红旗H5智联享动车型车辆的主要技术性能检测。

二、项目要求

符合国家二手车技术鉴定评估规范，完成2018款红旗H5智联享动车型车辆的主要技术性能检测。

（1）检测车辆主要技术性能；

（2）评定车辆技术状况等级。

三、学习目标

（1）准确地说出车辆动力性能评价指标、车辆制动性能评价指标、前照灯评价指标、汽车排放污染物评价指标及噪声评价指标；

（2）准确地说出评定车辆技术等级所需鉴定的技术状况；

（3）正确地检查车辆动力性能、车辆制动性能、前照灯性能、汽车排放污染物及噪声；

（4）正确计算评定车辆技术状况等级的分值；

（5）正确判断车辆技术状况等级；

（6）养成自觉遵守岗位职责和要求规定、规范行为、安全、环保、“5S”作业、团结协作的好习惯；

（7）树立坚守本心的职业操守。

四、学习载体

鉴定评估师杨帆在动态技术鉴定结束后，将张先生的车辆开至仪器技术状况检测场地，车辆停稳熄火，鉴定评估师助理高尚检查底盘测功机、气缸压力表、制动检测台、转向盘转角检测仪、侧滑检测台、四轮定位仪、车轮平衡仪、前照灯检测仪、废气分析仪均能正常工作后，将废气分析仪预热，完成仪器技术状况鉴定准备，告知杨帆可以进行车辆主要技术性能鉴定。

学习笔记

学习笔记

任务一　检测车辆主要技术性能

职业行动

流程一：工作准备

1. 工作地点

二手车鉴定评估作业场地。

2. 工作设施

2018 款红旗 H5 智联享动车型底盘测功机、气缸压力表、制动检测台、前照灯检测仪、侧滑检测台、四轮定位仪、车轮平衡仪、废气分析仪、转向盘转角检测仪等，见表 4-1-1。

表 4-1-1　工具设施

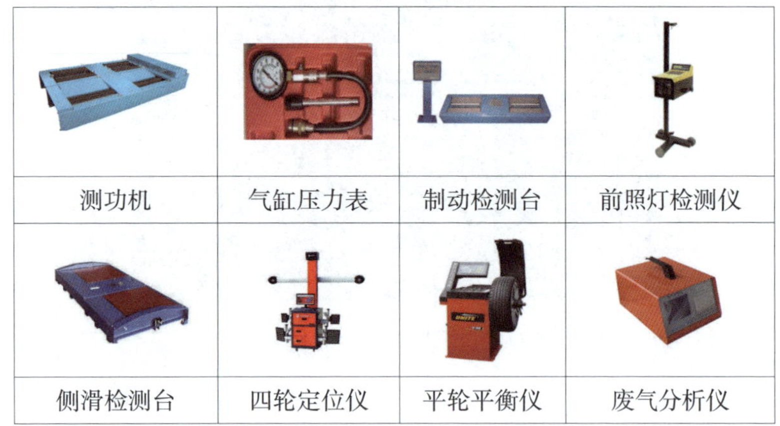

测功机	气缸压力表	制动检测台	前照灯检测仪
侧滑检测台	四轮定位仪	平轮平衡仪	废气分析仪

3. 工作用品

二手车鉴定评估作业表、写字板、抹布、签字笔。

职业知识

工具设备及其功能

工具设备	功能
测功机	测量汽车动力性、底盘输出功率，多工况排放指标及油耗
气缸压力表	检测气缸压缩压力
制动检测台	检测车辆制动性能
前照灯检测仪	检测机动车前照灯的发光强度及光束照射位置
侧滑检测台	检测转向轮横向侧滑量
四轮定位仪	检测汽车车轮定位参数
动平衡机	测量旋转物体（转子）不平衡量的大小和位置
废气分析仪	测量机动车汽油发动机排放废气中的 HC、CO、CO_2、O_2 浓度

车辆动力性能评价指标

指标	说明
最高车速	• 汽车以制造厂规定的最大总质量状态在风速 ≤ 3 m/s 的条件下进行； • 在干燥、清洁、平坦的混凝土或沥青路面上； • 车辆能够达到最高稳定行驶速度
加速时间	• 原地起步加速时间，车辆由 1 挡或 2 挡起步； • 以最大的加速度，选择恰当的换挡时间，逐步换挡至最高挡位，达到预定距离或车速所需要的时间； • 一般用车辆静止加速行驶至 400 m 距离或者升至 100 km/h 的速度所用的时间

三军可夺帅也，匹夫不可夺志也！

流程二：检测车辆动力性能

1. 检测底盘输出功率

（1）鉴定评估师助理齐红进入驾驶室，等待鉴定评估师杨帆的指令。

（2）底盘测功机试验前准备：鉴定评估师助理高尚使台架举升器处于举升状态，无举升器滚筒锁定，并排除轮胎表面小石子或坚硬物体。

（3）底盘测功机各系统准备：高尚检测底盘测功机控制系统、道路模拟系统、引导系统、安全保障系统处于正常工作状态。

（4）杨帆将动力性检测过程控制方式设定在保持恒速控制，指派齐红将车速升至（100 ± 2）km/h 并稳定 5 s。

（5）杨帆查看计算机读取车速与驱动力数值及车辆底盘输出功率均符合原厂数据。

2. 检测发动机功率

（1）齐红观察发动机水温及怠速均正常后通知杨帆，杨帆同时接通无外载测功仪电源，连接传感器。

（2）杨帆按仪器操作方法检测发动机功率。

（3）杨帆从测功仪上读取发动机的输出功率值均符合原厂数据。

3. 检测发动机气缸密封性

（1）齐红将发动机熄火，高尚将车辆降至地面，拆下检测气缸各缸火花塞。

（2）检测气缸压力值。杨帆向检测气缸火花塞孔内注入 20~30 mL 润滑油，然后用气缸压力表重测气缸压力符合原厂压力，高尚打印检测数据。

流程三：检测车辆制动性能

1. 检测行车制动性能

（1）齐红以 5~10 km/h 的速度将车辆对正停放在制动检测台，并行驶到平板上。

（续）

	• 超车加速时间，超车加速能力通常采用以最高挡或次高挡从 30 km/h 或 40 km/h 全力加速至某预定高速所需的时间表示
汽车上坡能力	• 车辆满载时，以 1 挡在良好的路面所能爬上的坡度
发动机最大输出功率	• 发动机在全负荷状态下； • 仅维持运转必须的附件时所输出的功率； • 汽车使用一定时期后，技术状况发生变化，发动机的最大输出功率变小； • 用其变小的差值评价发动机技术状况下降的程度
底盘输出最大功率	• 车辆在使用直接挡行驶； • 驱动轮输出的最大功率（相应的车速在发动机额定转速附近）

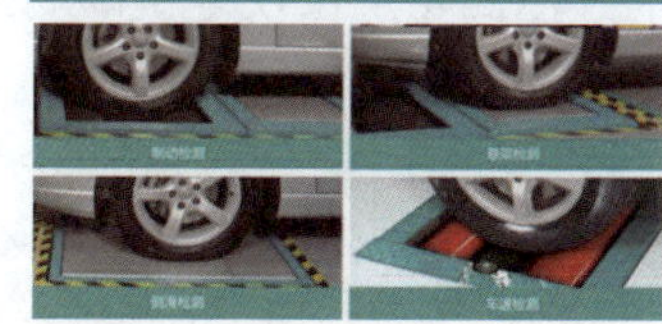

发动机气缸密封性标准

- 各种车型发动机气缸压缩压力原厂标准值；
- 检测结果可分为超过标准、符合标准、低于标准三种情况

学习笔记

学习笔记

（2）高尚录入车辆数据及相关参数，选择制动性检测项目，开始检测。

（3）齐红将车辆前轮移至检测工位，踩下制动踏板，释放制动踏板。

（4）齐红再将车辆后轮移至检测工位，完成后轮制动检测。

2. 检测驻车制动

（1）齐红抬起电子手制动按钮，按下电子手制动按钮。

（2）杨帆查看检测结果及数据，均符合原厂数值，高尚打印检测数据。

流程四：检测车辆操纵稳定性能

1. 检测车轮侧滑量

（1）齐红将车辆开至车辆侧滑检测台正前方，高尚松开滑动板的锁止手柄，接通电源。

（2）齐红将车辆以 3~5 km/h 的低速垂直地使被测车轮通过滑动板。

（3）杨帆观察被测车轮从滑动板上完全通过时，查看指示仪表，读取最大值，记下滑动板的运动方向，检测数据均与原厂一致。

（4）检测结束后，高尚锁止滑动板，切断电源，打印检测数据。

2. 检测四轮定位

（1）齐红将车辆开至四轮定位仪定位以上，将车辆的后轮停放在可以横向移动的后轮滑板中心处。

（2）安装轮镜：杨帆根据轮辋直径调整三个卡爪之间的距离，将万能轮镜安装架紧固在轮辋边沿上，再将带有调整盘的轮镜安装在该架上支起车轮并轻轻转动一周。

（3）杨帆调整轮镜安装基准。

（4）车辆摆正定位：杨帆将定位测量卷尺置于待检车辆的左前侧，用卷尺的磁性座与投影仪的底座相连，垂直于车轮中心线量出至轮辋最低位置间的距离，运用同样的方法，测出右侧的距

车辆制动性能评价指标

制动距离	• 车辆在一定速度下制动； • 从脚接触制动踏板（或手触动制动手柄）时起至车辆停止时； • 车辆行驶过的距离
制动减速度	• 制动减速度与地面制动力时等效的
制动力	• 车辆在行驶过程中； • 能强制减速以致停车； • 最本质的因素是制动器所产生的摩擦阻力，也就是制动力
制动时间	• 制动时间是一个间接评价制动性能的指标； • 一般很少将它作为一个单独的参数来评价车辆的制动性； • 它作为一个辅助的评价指标，是不可缺少的

制动试验台	制动性能测试

车辆操纵稳定性检测要求

转向盘转向力	• 操纵稳定性良好的汽车，必须有适度的转向轻便性； • 转向不应沉重； • 转向能及时正确转向
转向盘自由转动量	• 汽车保持直线行驶位置不动时，左右晃动转向盘时的自由转动量不超过 15°

三军可夺帅也，匹夫不可夺志也！

离，直到两侧的距离相同为止。

（5）杨帆查看检测数据与原厂数据基本一致，高尚打印检测数据。

流程五：检测前照灯技术状况

1. 调整仪器位置

（1）齐红将被检测车辆驶向检测仪，使车辆与前照灯检测仪的轨道保持垂直方向。

（2）高尚观察车辆前照灯与检测仪受光器之间达规定的检测距离，示意齐红停车。

（3）齐红将车辆摆正，高尚使找准器与检测车辆对正。

（4）齐红打开前照灯，高尚用前照灯检测仪与被检测前照灯对正。

2. 检测前照灯性能

（1）齐红提供发动机转速，使蓄电池处于充电的状态。

（2）杨帆按检验程序指示器提示步骤，点开自动追踪状态，示意齐红打开车辆前照灯远光。

（3）杨帆示意齐红关闭远光灯，保持车辆前照灯近光打开。

（4）杨帆查看检测数据与原厂基本一致，高尚打印检测数据。

流程六：检测车辆排气污染物

1. 准备废弃分析仪

（1）高尚接通电源预热废气分析仪 30 min 以上。

（2）杨帆使用取车采样导管进行校正，吸进清洁空气，用零点调整旋钮调整零位。

（3）杨帆把测定器附属的标准气体从标准气体注入口注入，用标准校正旋钮，使指示值符合校正基准值。

2. 准备检测车辆

（1）齐红使发动机怠速运转。

（2）杨帆指示发动机怠速工况加速至 0.7 倍额定转速，并维持 60 s 后降至高怠速。

车轮侧滑量检测要求

- 转向轮横向侧滑量应在侧滑检验台上进行；
- 将车辆对正侧滑检验台，并使转向盘处于正中位置；
- 车辆沿台板上的指示线以 3 ～ 5 km/h 车速平稳前行；
- 在行进过程中，不允许转动转向盘；
- 转向轮通过台板时，测取横向侧滑量

车辆侧滑台使用要求

- 在不通电情况下，检查仪表指针应在零位上；
- 接通电源，晃动滑动板，待滑动板停止后，查看指针是否仍在零位或数据显示仪表上的侧滑量应为零；
- 检查侧滑台及周边场地有机油、石子、泥污等杂物，应清除；
- 待检查车辆轮胎气压应符合出厂标准，并清除轮胎石子、杂物

光学式四轮定位仪测量定位参数要求

- 安装投影仪时，必须注意投影仪上标有“L”的，必须安装在待检车辆行进方向的左边导轨上，标有“R”的必须放在车辆行进方向的右侧导轨上；
- 测量待检车辆车轮毂中心距离地面高度，将测量值减去 30 mm 所得的值作为投光镜的高度值，有偏差的可以通过手柄进行调整；
- 检测前，被检查车辆的车轴状况必须良好，车轮的所有轴承间隙、转向间隙和主销间隙均应检查并经过调整，而且轮胎气压需要符合出厂标准

前照灯检验评价指标

指标	要求
发光强度	• 检测车辆前照灯与检测仪器有一定距离，前照灯检测仪检测的是前照灯的照度
光束照射位置偏移量	• 把前照灯最亮的地方作为光束的中心，则对它的水平、垂直坐标轴交点的偏离即表示其照射方位的偏移，其偏移的尺寸就是光束照射位置的偏移量

4-1 安装尾气分析仪

4-2 拆卸尾气分析仪

三军可夺帅也，匹夫不可夺志也！

学习笔记

3. 检测排气污染物

（1）齐红使发动机降至高怠速后，杨帆将废弃分析仪取样探头伸进排气管中，深度为 400 mm，并固定于排气管上。

（2）杨帆把废弃分析仪指示灯仪表的读数转换开关置于最高量程位置，观察指示仪表，用读数转换开关调整到适于排气含量的量程挡位。

（3）齐红使发动机在高怠速状态维持 15 s 后，杨帆开始读数，读取 30 s 内的污染物最高值和最低值，取高怠速排放测量结果的平均值均符合排放标准。

（4）杨帆检测车辆其他工况排气污染数据符合排放标准，高尚打印检测数据。

流程七：检测车辆噪声污染

1. 检测车辆定置噪声

（1）齐红车辆置于测量场地中央，换挡杆挂入空挡，抬起电子手制动，发动机怠速运转。

（2）杨帆将声级计放置在测量点重复进行测试，当连续出现三个读数的变化范围在 2 dB（A）之内结束，取其算数平均值，高尚记录数据。

（3）杨帆指示齐红使发动机稳定在额定转速的 75%，然后记录由稳定转速尽快减速到怠速过程的噪声最高声级，高尚记录数据。

（4）杨帆将声级计用三脚架固定，声级计传声器朝向排气口，距离排气口端 0.5 m，与排气口端成 45° 角。

（5）杨帆指示齐红逐渐将转速升至 3 750 r/min，保持 1 s 降到怠速转速，杨帆读取最大数值，高尚记录。

2. 检测车辆车内噪声

（1）齐红将车辆以常用挡位 50 km/h 以上的不同车速匀速行驶。

（2）杨帆在人耳附近布置测量点，声级计话筒朝向车辆前进方向。

（3）杨帆读取出现三个读数，取平均值，高尚记录数据。

4-3

怠速排放检测

前照灯检测要求

- 前照灯检测仪不受光的情况下，检查光度计和光轴偏斜量指示计的指针是否对准机械零点，未对准，需调整；
- 检查聚光透镜和反射镜的镜面是否干净，如有污物，可用软布或镜头纸擦拭；
- 检查导轨是否有泥沙等杂物，如果有，需清洁；
- 前照灯照射在距离 10 m 的屏幕上，车辆前照灯近光光束明暗截止线转角或重点的高度应为 0.7 *H*~0.9 *H*（*H* 为前照灯基准中心高度）

汽油车排放污染物评价指标

汽油车排放污染物评价指标	
一氧化碳（CO）	• 采用瞬态工况法和简易瞬态工况法对车辆的排放进行检测时，排气中的 CO 的计量单位为质量单位，用 g/km 表示； • 采用双怠速法和简易稳态工况法对车辆排放进行检测时，排气中的 CO 的计量单位为体积分数（体积浓度），检测时，采用 % 表示
碳氢化合物（HC）	• 采用瞬态工况法和简易瞬态工况法对车辆的排放进行检测时，排气中的 HC 的计量单位为质量单位，用 g/km 表示； • 采用双怠速法和简易稳态工况法对车辆排放进行检测时，排气中的 HC 的计量单位为体积分数（体积浓度），检测时，采用 10^{-6} 来表示
氮氧化合物（NO_x）	• 采用简易稳态工况法对车辆的排放进行检测时，排气中的 NO_x 的计量单位为质量单位，用 g/km 表示； • 采用双怠速法和简易稳态工况法对车辆排放进行检测时，排气中的 NO_x 的计量单位为体积分数（体积浓度），检测时，采用 10^{-6} 来表示

车辆噪声评价指标

车辆噪声评价指标	
响度级	• 与人耳生理感觉相适应的指标来评价声音的强弱
噪声级	• 用声压级测定的声音强弱
车内噪声声级	• 应不大于 82 dB（A）

三军可夺帅也，匹夫不可夺志也！

学习笔记

任务测评

一、知识测评

确定本任务关键词，按重要程度进行关键词排序并举例解读。

根据自己对重要信息捕捉、排序、表达、创新和划分权重能力进行自评，见表 4-1-2，满分 100 分。

表 4-1-2　检测车辆主要技术性能知识测评表

序号	关键词	举例解读	评分自定
1			
2			
3			
4			
5			
总分			

二、能力测评

对表 4-1-3 所列内容，操作规范即得分，操作错误或未操作即零分。

表 4-1-3　检测车辆主要技术性能能力测评表

序号	能力点	配分	得分
1	能够正确检查车辆动力性能	20	
2	能够正确检查车辆制动性能	20	
3	能够正确检查车辆操纵稳定性能	20	
4	能够正确检查车辆排气污染物	20	
5	能够正确检查车辆噪声污染	20	
总分		100	

三、素养测评

对表 4-1-4 所列素养点，做到即得分，未做到即零分。

表 4-1-4　检测车辆主要技术性能素养测评表

序号	素养点	配分	得分
1	安全作业，无安全隐患	20	
2	保护环境，无乱扔乱倒	20	
3	行为规范，无不当行为	20	
4	团队协作，无不洽关系	20	
5	场地“5S”	20	
总分		100	

四、拓展训练

（1）请说明静态技术鉴定及动态技术鉴定结束后，为什么进行仪器技术鉴定（满分 25 分）。

（2）请说出检测车辆哪些主要性能。（满分 25 分）

（3）请按下列思维导图格式（见图 4-1-1），对检测车辆主要技术性能的学习收获进行总结，结合各种仪器设备使用过程的标准，说一说“标准”在鉴定评估中的作用（满分 50 分）。

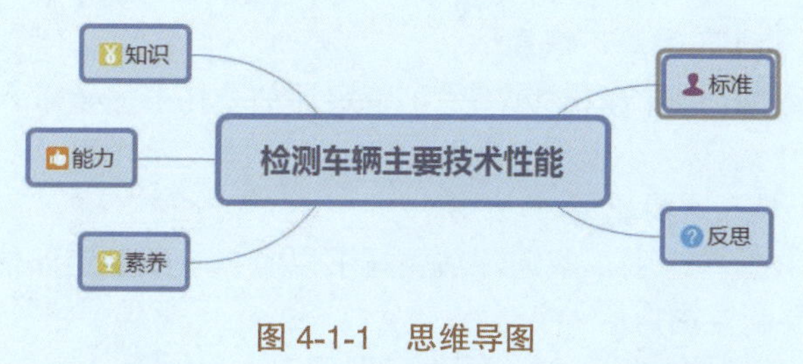

图 4-1-1　思维导图

任务二　评定车辆技术状况等级

职业行动

流程一：工作准备

1. 工作地点

二手车鉴定评估办公区。

2. 工作设施

计算机、办公桌、打印机。

3. 工作用品

二手车鉴定评估作业表、二手车技术状况表、写字板、签字笔，见表 4-2-1。

表 4-2-1　工作用品

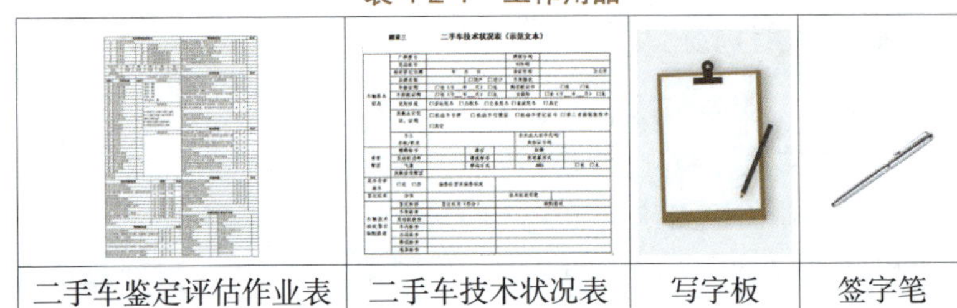

二手车鉴定评估作业表	二手车技术状况表	写字板	签字笔

流程二：填写二手车技术状况表

1. 录入车辆基本信息

鉴定评估师杨帆翻看二手车鉴定评估委托书完整录入车辆基本信息。

2. 录入重要配置

杨帆翻看二手车鉴定评估委托书以及二手车鉴定评估作业表录入重要配置内容。

职业知识

办公用品及功能

用品	功能
计算机	录入鉴定信息
打印机	打印二手车技术状况表
二手车鉴定评估作业表	查看鉴定评估结果
二手车技术状况表	录入鉴定评估结果

鉴定车辆技术状况

- 车体结构；
- 车身外观；
- 发动机舱；
- 驾驶舱；
- 行李舱；
- 车辆底盘；
- 发动机启动性能；
- 路试技术状况；
- 路试后技术状况

计算车辆技术状况分数

- 根据检查结果确定车辆技术状况的分值；
- 总分值为各个鉴定项目分值累加，即鉴定总分$=\sum$项目分值；
- 满分 100 分

不以规矩，不能成方圆。

3. 录入是否为事故车

（1）杨帆查看二手车鉴定评估作业表鉴定结果及缺陷描述。

（2）杨帆勾选车辆事故车为“否”。

（3）杨帆填写“损伤位置及损伤情况”为无。

4. 录入鉴定结果及等级

（1）杨帆查看二手车鉴定评估作业表鉴定结果及缺陷描述并录入。

（2）杨帆录入鉴定科目分数，总分为94.5，技术状况等级录入为一级。

5. 录入车辆技术状况鉴定缺陷描述

二手车技术状况表示例，见图4-2-1。

二手车技术状况表（示范文本）

车辆基本信息	厂牌型号	红旗H5智联享动		牌照号码	吉B7Z×××	
	发动机号			VIN码	LFPH4CP××××××	
	初次登记日期	2017年12月2日		表征里程	3.56万公里	
	品牌名称	红旗	☑国产 □进口	车身颜色	黑色	
	年检证明	☑有（至2021年12月）□无		购置税证书	☑有 □无	
	车船税证明	☑有（至2021年12月）□无		交强险	☑有（至2021年12月）□无	
	使用性质	□营运用车 □出租车 □公务用车 ☑家庭用车 □其它				
	其他法定凭证、证明	☑机动车号牌 ☑机动车行驶证 ☑机动车登记证书 ☑第三者强制保险单 ☑其它 二手车销售发票、商业保险单				
	车主名称/姓名	张××		企业法人证书代码/身份证号码	22××××××××××	
重要配置	燃料标号	92	排量	1.8T	缸数	4
	发动机功率	137kw	排放标准	国V	变速器形式	6挡手自一体
	气囊	10	驱动方式	前置前驱	ABS	☑有 □无
	其他重要配置					
是否为事故车	□是 ☑否	损伤位置及损伤状况		无		
鉴定结果	分值	94.5		技术状况等级	一级	
车辆技术状况鉴定缺陷描述	鉴定科目	鉴定结果（得分）		缺陷描述		
	车身检查	17.5		左前翼子板更换、左前大灯更换、左侧后视镜有擦痕。		
	发动机检查	17		左前翼子板内衬修复		
	车内检查	10		无		
	启动检查	20		无		
	路试检查	15		无		
	底盘检查	15		无		

二手车鉴定评估师：杨帆　　鉴定单位：（盖章）

鉴定日期：2021年4月20日

图4-2-1　二手车技术状况表示例

车辆技术状况等级分值对应表

技术状况等级	分值区间
一级	鉴定总分≥90
二级	60≤鉴定总分＜90
三级	20≤鉴定总分＜60
四级	鉴定总分＜20
五级	事故车

不以规矩，不能成方圆。

学习笔记

任务测评

一、知识测评

确定本任务关键词，按重要程度进行关键词排序并举例解读。

根据自己对重要信息捕捉、排序、表达、创新和划分权重能力进行自评，见表 4-2-2，满分 100 分。

表 4-2-2　评定车辆技术状况等级知识测评表

序号	关键词	举例解读	评分自定
1			
2			
3			
4			
5			
总分			

二、能力测评

对表 4-2-3 所列内容，操作规范即得分，操作错误或未操作即零分。

表 4-2-3　评定车辆技术状况等级能力测评表

序号	能力点	配分	得分
1	能够正确录入车辆基本信息	20	
2	能够正确录入重要配置	20	
3	能够正确录入是否为事故车	20	
4	能够正确录入鉴定结果及等级	20	
5	能够正确录入车辆技术状况鉴定缺陷描述	20	
总分		100	

三、素养测评

对表 4-2-4 所列素养点，做到即得分，未做到即零分。

表 4-2-4　评定车辆技术状况等级素养测评表

序号	素养点	配分	得分
1	安全作业，无安全隐患	20	
2	保护环境，无乱扔乱倒	20	
3	行为规范，无不当行为	20	
4	团队协作，无不洽关系	20	
5	场地“5S”	20	
总分		100	

四、拓展训练

（1）请说明技术状况评价等级怎样划分分数。（满分 25 分）

（2）请说出检测车辆哪些主要性能。（满分 25 分）

（3）请按下列思维导图格式（见图 4-2-2），对评定车辆技术状况等级的学习收获进行总结，结合评定过程，说一说车辆最终等级评定需要按照国家标准中哪一个“规范”进行，如何理解规范？（满分 50 分）

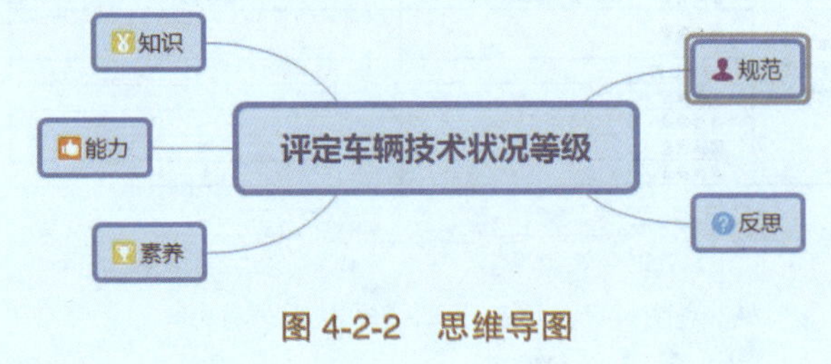

图 4-2-2　思维导图

　不以规矩，不能成方圆。

学习笔记

学习考评

一、考评项目

客户王先生将需要进行鉴定评估的 2017 款 2.0 TSI 御尊版帕萨特开到鉴定评估指定地点，二手车鉴定评估师助理高尚将车开到指定检测区，齐红做好仪器技术状况鉴定准备，高尚开始对车辆进行仪器技术鉴定，并将检查结果记录到二手车鉴定评估作业表中，判断车辆技术状况等级。

二、实施准备

1. 学生准备

学生在按照教学进度计划，已经完成了以下学习任务并达到了 75 分以上，可进行该学习考评的实施。

（1）理解并完成学习考评需要的相关知识和方法的学习，得分大于 75 分。

（2）运用学习考评需要的相关知识和规范进行作业，得分大于 75 分。

（3）按时、按质、按量完成相应作业，得分大于 80 分。

（4）具有自觉遵守技术标准和要求规定、规范操作、安全、环保、“5S” 作业、团结协作的好习惯，得分大于 80 分。

（5）能够说出车辆动力性能评价指标、车辆制动性能评价指标、前照灯评价指标、汽车排放污染物评价指标及噪声评价指标；

（6）能够说评定车辆技术等级所需鉴定的技术状况。

2. 教师准备

（1）在安排学生实施学习考评前，通过课堂问题研讨、作业、实训和考核及其他方式，确认学生已经具备了实施学习考评所需的知识、技能和素养，并确保学生在安全状态下独立进行。

（2）对协助教师进行测评的学生进行测评和监督方法的培训，确保测评结果的准确性和公平性。

（3）准备好测评记录。

三、验证方法与标准

（1）每位测评人员负责对 1 名学生进行定点、全过程的监控和测评。

（2）详细记录学生在实施学习考评过程中的相关信息、数据、结果、操作方法、完成时间，以及出现错误、事故等情况。

（3）学习考评的作业过程和数据记录等，要求在 60 min 内完成，时间不足，可在即将结束时，口述剩余部分的作业方法。

（4）考核内容及评分标准见下表。

考核内容及评分标准

序号	评分项	得分条件	评分标准	配分	扣分
1	安全 /5S/ 态度	□ 1. 能正确穿着工装 □ 2. 能正做好安全防护 □ 3. 能正确检查检测仪器是否工作正常 □ 4. 能正确遵守礼仪礼节	未完成 1 项扣 4 分，扣分不得超过 15 分	15	
2	专业技能能力	□ 1. 能够将车辆行驶至正确检查场地 □ 2. 能够正确将车辆停稳熄火 □ 3. 能够正确使用检测车辆动力性能 □ 4. 能够正确使检测车辆制动性能 □ 5. 能够正确检测前照灯性能 □ 6. 能够正确检测汽车排放污染物	未完成 1 项扣 10 分，扣分不得超过 50 分	35	

学习笔记

（续）

序号	评分项	得分条件	评分标准	配分	扣分
2	专业技能能力	□ 7. 能够正确检查车辆噪声 □ 8. 能够计算评定车辆技术状况等级分值 □ 9. 能够正确判断车辆技术状况等级			
3	工具及设备的使用	□ 1. 能正确使用底盘测功机 □ 2. 能正确使用气缸压力表 □ 3. 能正确使用制动检测台 □ 4. 能正确使用转向盘转角检测仪 □ 5. 能正确使用侧滑检测台 □ 6. 能正确使用四轮定位仪 □ 7. 能正确使用车辆平衡仪 □ 8. 能正确使用前照灯检测仪 □ 9. 能正确使用废气分析仪	未完成 1 项扣 3 分，扣分不得超过 25 分	25	
4	资料、信息查询能力	□ 1. 能正确在规定的时间内查询所需资料 □ 2. 能正确记录所需信息	未完成 1 项扣 5 分，扣分不得超过 10 分	10	
5	数据的判断和分析能力	□ 1. 能正确判断仪器检测结果 □ 2. 能正确判断车辆技术状况登记	未完成 1 项扣 5 分，扣分不得超过 10 分	10	
6	表单填写与报告的撰写能力	□ 1. 字迹清晰 □ 2. 语句通顺 □ 3. 无错别字 □ 4. 无涂改 □ 5. 无抄袭与客户交谈，语气适中	未完成 1 项扣 1 分，扣分不得超过 5 分	5	

四、考评报告

说明：考评分为理论考评和实操考评，理论考评根据项目要求以及考评模板格式制定项目实施方案，方案经教师审核合格后，方可进行实操考评。考评报告模板详见附录 A。

学习笔记

拓展阅读——鉴定评估案例分析

一、车辆基本信息

捷达 FV7160ATI，车牌号码粤 A0C304，银色，初次登记日期为 2016 年 4 月，累计行驶 6 万多公里，使用性质为非营运单位用车，排量 1.6 L，环保标准国Ⅳ。

二、车辆配置

ABS，双气囊，自动变速，制动前碟后鼓，电动门窗和后视镜，手动空调，电子防盗，CD 收音，加装皮座椅。

三、车辆检查

1. 静态检查

发动机舱正常，发动机怠速及声音平稳，无异响，无渗漏，前围及前纵梁无事故痕迹，线路和管路无改动现象；底盘大梁、管路及传动机构正常，轮胎磨损也无异常现象；车身外部油漆局部有刮花现象，护罩前围板重新做过喷漆；车身内部仪表、灯光、音响、空调、进挡、离合器、安全气囊、加速踏板、制动、电动门窗、车门锁拉手等无异常现象。

2. 动态检查

起动正常，怠速正常平稳，传动装置无异响，悬架刚性正常、无异响，转向系灵活，无发抖、发飘和跑偏现象。

四、车辆鉴定估价

1. 车况鉴定

技术状况较好，该车属低档车，采用整车观测法，结合静态和动态检查，鉴定车辆技术状况。该车为单位用车，使用强度正常，工作条件较好，日常维护保养正常，整车动力性，经济性，可靠性，排放污染等与车辆新旧程度相适应，护罩前围板重新做过喷漆修复，无损整车状况。

2. 估算价格

采用重置成本法计算价格，重置成本该型号新车价为：10.5 万左右，成新率采用使用年限法计算，成新率 =（1- 已使用年限 / 规定使用年限）× 综合调整系数 ×100%，综合调整系数：该车品牌性能和价格比较稳定，技术状况较好，工作性质和工作条件也较好，对成新率的估算有增加的可能，但考虑捷达最低配置型新车价格为 7.8 万元左右，而且 5~10 万的国产同类型新车也比较多，受此影响，所以取综合调整系数为 0.9。估算价格：p= 重置成本 × 成新率 × 综合调整系数 ×100% =10.5 [1-3 年 7 个月（折合 43 个月）/15 年（折合 180 个月）]×0.9×100% =7.18 万元。买卖双方成交参考底价约 7.1 万元。

思考：请仔细阅读上述车辆基本信息、车辆配置、车辆检查及车辆鉴定估价，将基本信息、配置、客观的车辆检查结果及正确的鉴定价格用思维导图绘制出来，突出描绘车辆有问题的部分，并仔细认真核对绘制内容与案例信息是否一致有无缺漏，完成一份思维导图形式的鉴定报告。

学习笔记

项目五　评估价值

一、项目描述

完成 2018 款红旗 H5 智联享动车型车辆的价值评估。

二、项目要求

符合国家二手车技术鉴定评估规范，完成 2018 款红旗 H5 智联享动车型车辆的价值评估。

（1）确定成新率；

（2）重置成本法评估车辆价值。

三、学习目标

（1）准确地说出确定成新率的方法；

（2）准确地说出重置成本法评估步骤；

（3）正确地选择成新率计算方法；

（4）正确计算车辆成新率；

（5）正确重置车辆成本；

（6）正确评估车辆价值；

（7）养成自觉遵守岗位职责和要求规定、规范行为、安全、环保、“5S”作业、团结协作的好习惯；

（8）树立守法、客观、公正的鉴定评估工作态度。

四、学习载体

车辆完成整车技术状况鉴定作业，鉴定评估师助理高尚整理鉴定评估作业表内容，打开计算机，做好车辆评估价值准备。鉴定评估师杨帆，查看车辆红旗 H5 整体配置及型号，在网络中查询现今市场中同配置同型号的新车指导价格，以及实际销售价格。杨帆在网络查询价值后，又打电话至红旗 4S 店汽车销售经销商，咨询同配置红旗 H5 销售价格后，开始评估鉴定车辆价值。

学习笔记

学习笔记

任务一　确定成新率

职业行动

流程一：工作准备

1. 工作地点

二手车鉴定评估办公区。

2. 工作设施

计算机、办公桌、打印机。

3. 工作用品

二手车鉴定评估作业表、二手车技术状况表、作业方案、计算器，见表 5-1-1。

表 5-1-1　工作用品

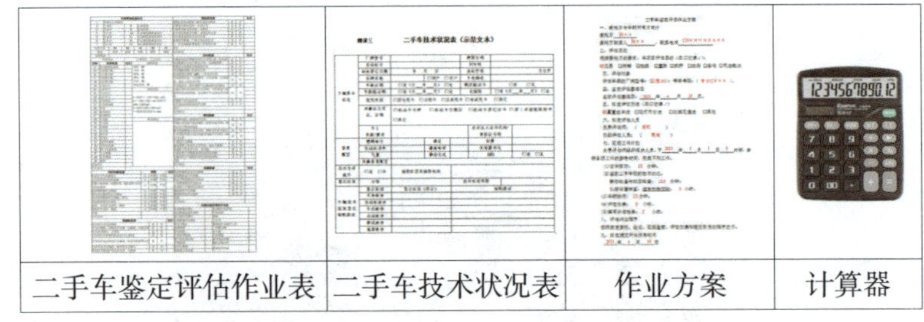

二手车鉴定评估作业表	二手车技术状况表	作业方案	计算器

流程二：确定成新率

1. 年限法确定成新率

（1）杨帆查看二手车技术状况表，该车辆在 2017 年 12 月 2 日登记注册，鉴定评估日期为 2021 年 4 月 20 日，该车已使用 41 个月。

职业知识

办公用品及功能

用品	功能
计算机	查找同品牌车辆价格
二手车鉴定评估作业表	查看车辆技术状况
二手车技术状况表	查看技术状况等级
二手车鉴定评估作业方案	查看鉴定评估作业日期
计算器	计算成新率

确定成新率方法

方法	成新率与有形损耗的关系
使用年限法	• 释义：反映二手车新旧程度的指标； • 成新率 =1 － 有形损耗； • 车辆有形损耗也称为车辆实体性贬值，是由于使用磨损和自然损耗形成
行驶里程法	
整车观测法	
部件鉴定法	
综合分析法	

使用年限法确定成新率

释义	• 通过确定被评估二手车的尚可使用年限与规定使用年限的比值来确定二手车成新率的一种方法
等速折旧法公式	$C_y=\frac{Y_g-Y}{Y_g}\times 100\%$ C_y——使用年限成新率； Y——二手车实际已使用年限，年或月； Y_g——车辆规定的使用年限，年或月

（2）成新率计算。

$$C_y = \frac{Y_g - Y}{Y_g} \times 100\% = \frac{180-41}{180} \times 100\% = 77.2\%$$

年限法确定成新率为 77.2%。

2. 综合调整系数法确定成新率

（1）杨帆查看该车二手车鉴定评估作业表，车辆使用 3 年半，车辆使用条件较好，整体状况良好。

（2）车辆技术等级一般，K_1=0.9。

（3）车辆维护保养一般，K_2=0.9。

（4）车辆为国产名牌，K_3=0.9。

（5）车辆为私用，K_4=1.0。

（6）车辆常年工作在市区内，K_5=1.0。

（7）计算：

$$K = K_1 \times 30\% \times K_2 \times 25\% \times K_3 \times 20\% \times K_4 \times 15\% \times K_5 \times 10\%$$
$$= 0.9 \times 30\% + 0.9 \times 25\% + 0.9 \times 20\% + 1.0 \times 15\% + 1.0 \times 10\%$$
$$= 0.925$$

$$C_z = C_y \times K \times 100\%$$
$$= 0.722 \times 0.925 \times 100\%$$
$$= 66.79\%$$

（8）高尚记录车辆成新率为 66.79%。

学习笔记

规定使用年限

车型	使用年限
家用 5 座轿车及 7 座，非营运小、微型汽车	无使用年限
小、微型出租客运汽车	8 年
中型出租客运汽车	10 年
微型载货汽车	12 年
重、中、轻型载货汽车	15 年

综合分析法

释义	• 以使用年限法为基础，再综合考虑二手车的实际技术状况、维护保养情况、原车制造质量、二手车用途及使用条件等影响二手车价值的多种因素，以系数调整确定成新率的一种方法
公式	• $C_z = C_y \times K \times 100\%$ C_z——综合成新率； C_y——使用年限成新率； K——综合调整系数。 • $K = K_1 \times 30\% \times K_2 \times 25\% \times K_3 \times 20\% \times K_4 \times 15\% \times K_5 \times 10\%$ K——综合调整系数； K_1——车辆技术状况调整系数； K_2——车辆维护保养调整系数； K_3——车辆原始制造质量调整系数； K_4——车辆用途调整系数； K_5——车辆使用条件调整系数； 调整系数选取方法及权重参考表参见附录 B

有法可依，有法必依，执纪必严违法必究。

学习笔记

任务测评

一、知识测评

确定本任务关键词，按重要程度进行关键词排序并举例解读。

根据自己对重要信息捕捉、排序、表达、创新和划分权重能力进行自评，见表 5-1-2，满分 100 分。

表 5-1-2　确定成新率知识测评表

序号	关键词	举例解读	评分自定
1			
2			
3			
4			
5			
总分			

二、能力测评

对表 5-1-3 所列内容，操作规范即得分，操作错误或未操作即零分。

表 5-1-3　确定成新率能力测评表

序号	能力点	配分	得分
1	能够计算车辆使用年限	20	
2	能够正确使用年限法计算成新率	20	
3	能够正确查询车辆部件成新率	20	
4	能够正确计算调整系数	20	
5	能够正确计算整车成新率	20	
总分		100	

三、素养测评

对表 5-1-4 所列素养点，做到即得分，未做到即零分。

表 5-1-4　确定成新率素养测评表

序号	素养点	配分	得分
1	安全作业，无安全隐患	20	
2	保护环境，无乱扔乱倒	20	
3	行为规范，无不当行为	20	
4	团队协作，无不洽关系	20	
5	场地“5S”	20	
总分		100	

四、拓展训练

（1）请说出如果只采用年限法确定成新率是否准确？为什么？（满分 25 分）

（2）请说出综合调整系数法需要参考哪些部位系数。（满分 25 分）

（3）请按下列思维导图格式（见图 5-1-1），对确定成新率的学习收获进行总结，如果人为调低或调高成新率，这种行为就会损害买方或卖方利益，将你对这种行为的评价归纳成一个词语，填写到思维导图的空格中。（满分 50 分）

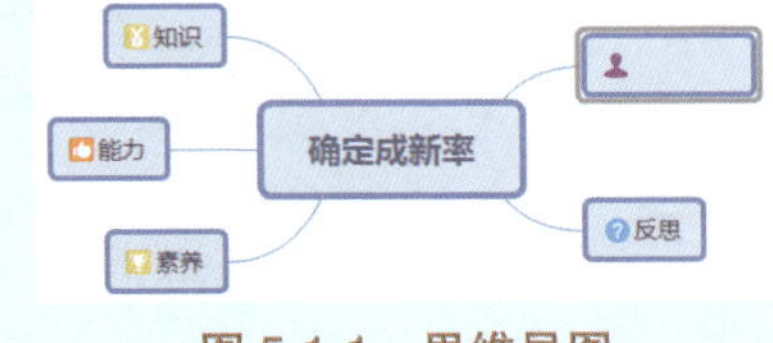

图 5-1-1　思维导图

有法可依，有法必依，执纪必严违法必究。

任务二　重置成本法估算车辆价值

学习笔记

职业行动

流程一：工作准备

1. 工作地点

二手车鉴定评估办公区。

2. 工作设施

计算机、办公桌、打印机、计算器。

3. 工作用品

二手车鉴定评估作业表、二手车技术状况表、作业方案、计算器，见表 5-2-1。

表 5-2-1　工作用品

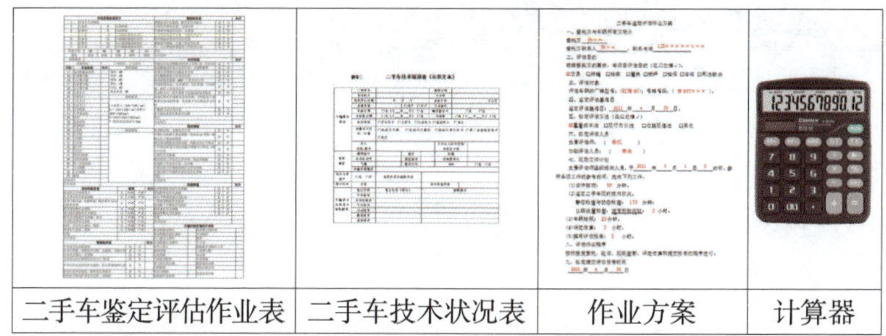

二手车鉴定评估作业表	二手车技术状况表	作业方案	计算器

流程二：重置车辆成本

1. 查找新车价格

（1）杨帆通过网络查找到市场上有待评估车辆品牌、型号和配置基本一致的自动智联旗畅版新车出售，厂商指导价为 18.18 万元。

（2）杨帆致电本市各红旗 4S 店，询问红旗 H5 自动智联旗畅版新车实际售卖裸车价格为 15.68 万元。

职业知识

办公用品及功能

用品	功能
计算机	查找同品牌车辆价格
二手车鉴定评估作业表	查看车辆技术状况
二手车技术状况表	查看技术状况等级
二手车鉴定评估作业方案	查看鉴定评估作业日期
计算器	计算车辆价值

重置成本法

释义	• 用现时条件下重新购置一辆全新状态的和被评估车辆功能相同或相近的全新车辆所需的全部成本（即完全重置成本，简称重置全价）减去该被评估车辆的各种陈旧贬值后的差额作为被评估车辆现时价格的一种评估方法
模型一	• 评估值 = 重置成本 − 实体性贬值 − 功能性贬值 − 经济学贬值
模型二	• 被评估车辆的评估值 = 重置成本 × 成新率

模型二公式

释义	• 模型二以成新率综合考虑各种贬值因素，对二手车辆的价值影响，有一种定性和定量相结合的评估方法，更符合中国人评判二手物品价值的思维模式，也是市场中应用较为广泛的评估方法
公式	• $P=BC$ P——被评估车辆的评估值（单位：元）； B——被评估车辆的现时重置成本（单位：元）；

5-1 

重置成本法

不以规矩，不能成方圆。

学习笔记

（3）杨帆根据当前车辆购置税的税率为 10%，车辆销售增值税的税率为 13%，购买新车所需要的金额为 17.0676 万元。

2. 确定重置成本

（1）新车店内赠送价值 1 000 元基础保养及赠品，重置成本应将赠送商品价格减掉，见图 5-2-1，图 5-2-2。

图 5-2-1　赠送基础保养

图 5-2-2　赠品

（2）杨帆计算重置成本：

$$B=17.0676-0.1=16.9676（万元）$$

流程三：估算车辆价值

1. 选择模型

杨帆选择重置成本法的模型二进行车辆价值估算。

2. 估算车辆价值

（1）杨帆已经计算出车辆的成新率 C 为 66.79%。

（2）杨帆利用模型二公式计算：

$$P=BC=16.9676\times 66.79\%=11.33（万元）$$

（3）高尚记录车辆的估算价值为 11.33 万元。

（续）

	C——被评估车辆现时成新率（使用年限法、行驶里程法、部件鉴定法、整车观测法、综合分析法）

重置成本计算方法

车辆市场现状	计算公式
市场上有待评估车辆品牌、型号和配置完全相同的新车出售	重置成本 = 裸车价格 + 车辆购置税
待评估车辆已停产，市场上有与之类似的车辆出售	重置成本 = 新车售价 − 单车成本变动值 − 车辆购置税
市场上完全找不到与待评估车辆类似的车辆	重置成本 = 待评估车辆历史成本 ×（1+ 物价变动指数）

重置成本法评估步骤

- 确定成新率；
- 市场调查新车价格；
- 确定重置成本；
- 确定各种贬值；
- 求评估值

重置成本法应用原则

- 重置成本应是购买全新车辆与被评估车辆相同的车辆所需支付的最低金额；
- 无论如果计算，重置成本绝对不会超出线下同款新车购置价值；
- 被评估车辆可以重新建造或购置；
- 被评估车辆必须能复制或更新；
- 被评估车辆因各种因素而产生的贬值可以量化

不以规矩，不能成方圆。

学习笔记

任务测评

一、知识测评

确定本任务关键词,按重要程度进行关键词排序并举例解读。

根据自已对重要信息捕捉、排序、表达、创新和划分权重能力进行自评，见表 5-2-2，满分 100 分。

表 5-2-2　重置成本法估算车辆价值知识测评表

序号	关键词	举例解读	评分自定
1			
2			
3			
4			
5			
总分			

二、能力测评

对表 5-2-3 所列内容，操作规范即得分，操作错误或未操作即零分。

表 5-2-3　重置成本法估算车辆价值能力测评表

序号	能力点	配分	得分
1	能够说出重置成本法的两个模型	20	
2	能够正确查找新车价格	20	
3	能够正确确定重置成本	20	
4	能够正确估算车辆价值	20	
5	能够说出重置成本法估算步骤	20	
总分		100	

三、素养测评

对表 5-2-4 所列素养点，做到即得分，未做到即零分。

表 5-2-4　重置成本法估算车辆价值素养测评表

序号	素养点	配分	得分
1	安全作业，无安全隐患	20	
2	保护环境，无乱扔乱倒	20	
3	行为规范，无不当行为	20	
4	团队协作，无不洽关系	20	
5	场地“5S”	20	
总分		100	

四、拓展训练

（1）请说出重置成本法应用原则。（满分 25 分）

（2）请说明重置成本法的优缺点。（满分 25 分）

（3）请按下列思维导图格式（见图 5-2-3），对重置成本法估算车辆价值的学习收获进行总结，请结合鉴定与评估工作的职业要求，对“有法可依，有法必依，执纪必严违法必究”做一下说明，并将体会到的内容填写到思维导图的空格中。（满分 50 分）

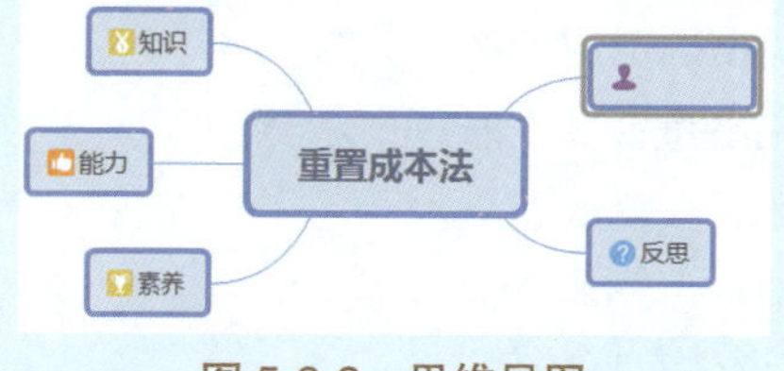

图 5-2-3　思维导图

不以规矩，不能成方圆。

学习笔记

学习考评

一、考评项目

鉴定评估师助理齐红整理二手车鉴定评估作业表，鉴定评估师李想在网络中查询现今市场中与2017款2.0 TSI御尊版帕萨特同配置型号的车辆价格，又致电上海汽车大众4S店咨询店内车辆实际销售价格，使用重置成本法评估车辆价值。

二、实施准备

1. 学生准备

学生在按照教学进度计划，已经完成了以下学习任务并达到了75分以上，可进行该学习考评的实施。

（1）理解并完成学习考评需要的相关知识和方法的学习，得分大于75分。

（2）运用学习考评需要的相关知识和规范进行作业，得分大于75分。

（3）按时、按质、按量完成相应作业，得分大于80分。

（4）具有自觉遵守技术标准和要求规定、规范操作、安全、环保、“5S”作业、团结协作的好习惯，得分大于80分。

（5）能够说出车辆动力性能评价指标、车辆制动性能评价指标、前照灯评价指标、汽车排放污染物评价指标及噪声评价指标。

（6）能够说出确定成新率的方法。

（7）能够说出重置成本法评估步骤。

（8）能够计算车辆成新率。

（9）能够重置车辆成本。

（10）能够评估车辆价值。

2. 教师准备

（1）在安排学生实施学习考评前，通过课堂问题研讨、作业、实训和考核及其他方式，确认学生已经具备了实施学习考评所需的知识、技能和素养，并确保学生在安全状态下独立进行。

（2）对协助教师进行测评的学生进行测评和监督方法的培训，确保测评结果的准确性和公平性。

（3）准备好测评记录。

三、验证方法与标准

（1）每位测评人员负责对1名学生进行定点、全过程的监控和测评。

（2）详细记录学生在实施学习考评过程中的相关信息、数据、结果、操作方法、完成时间，以及出现错误、事故等情况。

（3）学习考评的作业过程和数据记录等，要求在60min内完成，时间不足，可在即将结束时，口述剩余部分的作业方法。

（4）考核内容及评分标准见下表。

考核内容及评分标准

序号	评分项	得分条件	评分标准	配分	扣分
1	安全/5S/态度	□ 1. 能正确佩戴胸牌 □ 2. 能做好安全防护 □ 3. 能正确遵守礼仪礼节	未完成1项扣5分，扣分不得超过15分	15	
2	专业技能能力	□ 1. 能够在网络中查询现实市场中同配置同型号新车车辆 □ 2. 能够在网络中查询新车车辆价格 □ 3. 能够致电4S店询问店内	未完成1项扣7分，扣分不得超过50分	50	

（续）

序号	评分项	得分条件	评分标准	配分	扣分
2	专业技能能力	销售价格 □ 4. 能够正确选择成新率方法 □ 5. 能够正确计算成新率 □ 6. 能够选择正确的重置成本计算方法 □ 7. 能够重置车辆成本 □ 8. 能够正确评估车辆价值			
3	工具及设备的使用	□ 1. 能正确计算成新率 □ 2. 能正确计算重置成本 □ 3. 能正确计算车辆价值	未完成 1 项扣 4 分，扣分不得超过 10 分	10	
4	资料、信息查询能力	□ 1. 能正确在规定的时间内查询所需资料 □ 2. 能正确记录所需信息	未完成 1 项扣 5 分，扣分不得超过 10 分	10	
5	数据的判断和分析能力	□ 1. 能正确分析现实车辆价值 □ 2. 能正确选择成新率方法 □ 3. 能正确选择重置成本方法	未完成 1 项扣 4 分，扣分不得超过 10 分	10	
6	表单填写与报告的撰写能力	□ 1. 字迹清晰 □ 2. 语句通顺 □ 3. 无错别字 □ 4. 无涂改 □ 5. 无抄袭与客户交谈，语气适中	未完成 1 项扣 1 分，扣分不得超过 5 分	5	
合计					

四、考评报告

说明：考评分为理论考评和实操考评，理论考评根据项目要求以及考评模板格式制定项目实施方案，方案经教师审核合格后，方可进行实操考评。考评报告模板详见附录 A。

学习笔记

学习笔记

拓展阅读——鉴定评估案例分析

一、基本情况

受理日期：2017 年 1 月 3 日

鉴定材料：(1) 受检车辆（2 台）。

(2) 事故现场照片（9 张）。

(3) 受检车辆检验照片（43 张）。

鉴定日期：2017 年 1 月 3 日

二、案情摘要

2016 年 12 月某日，鲁 Mxxxxx 号车与鲁 M0xxxx 号车在滨州市梧桐三路与凤凰二路路口处发生交通事故。

三、检验过程

1. 检验方法

依照 GA41—2014《道路交通事故痕迹物证勘验》有关条款及方法进行勘验;依照 GA/T1087—2013《道路交通事故痕迹鉴定》有关条款及方法进行鉴定；依照 GA/T643—2006《典型交通事故形态车辆行驶速度技术鉴定》有关条款及方法进行计算。

2. 检验所见

1) A 车检验情况

(1) 车身颜色：黑色。

(2) 主要损坏：该车前保险杠损坏断裂并见横向条状擦碰痕迹，前牌照见黑色加层擦碰痕迹，离地高度 38 ～ 1 250 px。

2) 车检验情况

(1) 车身颜色：金色。

(2) 主要损坏：该车右侧后部撞击变形，右后翼子板凹陷变形并见由前向后的擦碰痕迹并延伸至后保险杠；后保险杠右侧损坏断裂，并见由前向后的蓝色加层擦碰痕迹。

四、分析说明

1. 对 A、B 两车的接触部位进行分析

依据检验所见，将 A 车前部所检见痕迹与 B 车右侧后部所检见痕迹相比较，两者在痕迹形成方式、机理特征、颜色形态、距地高度及受力方向等方面存有造痕客体与承痕客体相互对应关系。符合 A 车前部与 B 车右侧后部接触碰撞所形成的痕迹特征，说明两者发生接触碰撞的客观性。结合本次事故案情可知：A 车前部与 B 车右侧后部接触碰撞。

2. 对本次事故过程进行分析

综合上述分析，结合本次事故案情可知本次事故过程符合：

A 车沿凤凰二路由南向北行驶至事发路口时，恰遇 B 车沿梧桐三路由西向东行驶至此，A 车前部与 B 车右侧后部接触碰撞，碰撞后，A 车停于最终停止位置；B 车继续向东运动一段距离后停于最终停止位置。

3. 对 A、B 两车事故时的车速进行计算

依据检验所见及现有证据材料，无法计算 A、B 两车事故时的车速。

(1) 鲁 Mxxxxx 号车前部与鲁 M0xxxxx 号车右侧后部接触碰撞。

(2) 鲁 Mxxxxx 号车沿凤凰二路由南向北行驶至事发路口时，

恰遇 M0xxxx 号车沿梧桐三路由西向东行驶至此，鲁 Mxxxxx 号车前部与鲁 M0xxxx 号车右侧后部接触碰撞，碰撞后，鲁 Mxxxxx 号车停于最终停止位置；鲁 M0xxxx 号车继续向东运动一段距离后停于最终停止位置。

（3）依据检验所见及现有证据材料，无法计算鲁 Mxxxxx 号车与鲁 M0xxxx 号车事故时的车速。

思考：请仔细阅读案情基本情况、摘要、检验过程及分析说明，将以上内容用思维导图绘制出来，通过思维导图及案情依照的法条法规，并尝试客观判定哪辆车负主要责任。

学习笔记

学习笔记

项目六　撰写鉴定评估报告

一、项目描述

完成2018款红旗H5智联享动车型车辆鉴定评估报告的撰写。

二、项目要求

符合国家二手车技术鉴定评估规范，完成2018款红旗H5智联享动车型车辆鉴定评估报告的撰写。

（1）撰写鉴定评估报告；

（2）完备鉴定评估报告。

三、学习目标

（1）准确地说出二手车鉴定评估报告的释义和作用；

（2）准确地说出二手车鉴定评估报告的撰写内容；

（3）清晰地拍摄车辆外部照片；

（4）清晰地拍摄车辆细节照片；

（5）规范地完备车辆评估报告；

（6）养成自觉遵守岗位职责和要求规定、规范行为、安全、环保、“5S”作业、团结协作的好习惯；

（7）树立清正廉洁的职业操守。

四、学习载体

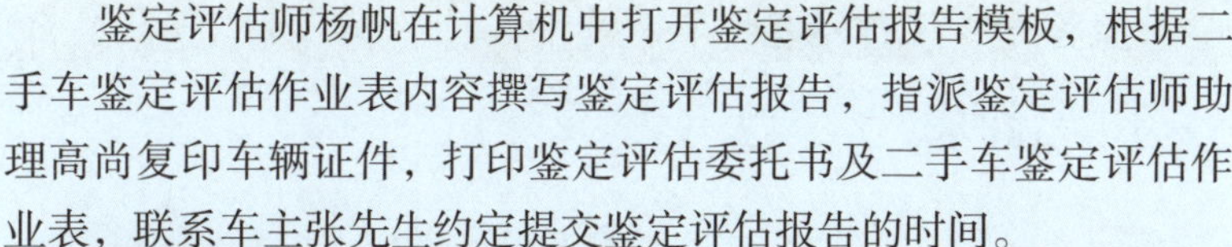

鉴定评估师杨帆在计算机中打开鉴定评估报告模板，根据二手车鉴定评估作业表内容撰写鉴定评估报告，指派鉴定评估师助理高尚复印车辆证件，打印鉴定评估委托书及二手车鉴定评估作业表，联系车主张先生约定提交鉴定评估报告的时间。

学习笔记

学习笔记

任务一　撰写鉴定评估报告

职业行动

流程一：工作准备

1. 工作地点

二手车鉴定评估办公区。

2. 工作设施

计算机、办公桌、打印机。

3. 工作用品

二手车鉴定评估作业表、二手车技术状况表、作业方案、签字笔，见表 6-1-1。

表 6-1-1　工作用品

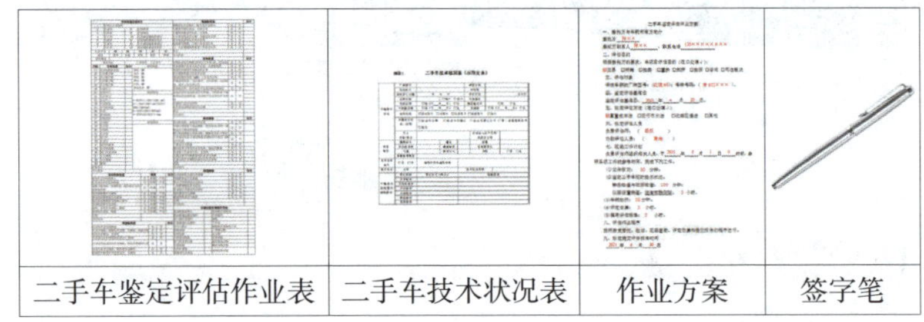

二手车鉴定评估作业表	二手车技术状况表	作业方案	签字笔

流程二：撰写二手车鉴定评估报告

1. 录入绪言

杨帆查看二手车鉴定评估作业方案，录入绪言内容。

2. 录入委托方信息

杨帆查看二手车鉴定评估委托书，录入委托人信息。

职业知识

办公用品及功能

用品	功能
计算机	录入二手车鉴定评估报告
二手车鉴定评估作业表	查看车辆技术状况
二手车技术状况表	查看技术状况等级
二手车鉴定评估作业方案	查看鉴定评估作业日期

二手车鉴定评估报告释义及作用

释义	• 是二手车鉴定评估机构完成对委托车辆的鉴定评估工作后，撰写并提交给委托方的关于二手车鉴定过程、鉴定结论、评估方法、评估过程、评估结果和评估依据的公正性报告书。
作用	• 作为产权交易、变动的作价依据； • 作为法庭辩论和裁决确认财产价格的举证材料； • 作为支出评估费用的依据； • 报告书体现了评估机构的工作情况和工作质量

撰写二手车鉴定评估报告要求

- 报告书必须依据客观、公正、实事求是的原则，由二手车评估机构独立撰写，如实反映鉴定评估的工作情况；
- 报告应有委托单位或个人的名称，二手车鉴定评估机构的名称和印章，二手车鉴定评估机构法人代表或者其委托人和二手车鉴定评估师的签字，以及提供报告的日期；

无欲速，无见小利。欲速，则不达；见小利，则大事不成。

3. 录入鉴定评估基准日

杨帆录入鉴定评估基准日为 2021 年 4 月 20 日。

4. 录入鉴定评估车辆信息

杨帆查看鉴定评估委托书信息、车辆证件及税费填写鉴定评估车辆信息。

5. 录入技术鉴定结果

杨帆查看二手车技术状况表填写技术鉴定结果。

6. 录入价值评估

杨帆勾选重置成本法，车辆评估价值为 11.33 万元，金额大写拾壹万叁仟叁佰元。

7. 录入鉴定评估报告法律效力

杨帆录入日期为 2021 年 4 月 22 日。

8. 打印鉴定评估报告

杨帆打印鉴定评估报告后，核对录入内容无误，见图 6-1-1。

二手车鉴定评估报告（示范文本）

吉检机动车鉴定评估有限公司鉴定评估机构评报字（2021 年）第 6789012 号

一、绪言

吉检机动车鉴定评估机构（鉴定评估机构）接受张 xx 的委托，根据国家有关评估及《二手车流通管理办法》和《二手车鉴定评估技术规范》的规定，本着客观、独立、公正、科学的原则，按照公认的评估方法，对牌号为吉 BTZxxx 的车辆进行了鉴定。本机构鉴定评估人员按照必要的程序，对委托鉴定评估的车辆进行了实地查勘与市场调查，并对其在 2021 年 4 月 20 日所表现的市场价值作出了公允反映。现将该车辆鉴定评估结果报告如下：

二、委托方信息

委托方：张 XX　　委托方联系人：张××××

联系电话：135××××××××　　车主姓名/名称：张××××

三、鉴定评估基准日　2021 年 4 月 20 日

四、鉴定评估车辆信息

厂牌型号：红旗 H5　　牌照号码：吉 BTZxxx

图 6-1-1　二手车鉴定评估报告示例（1）

（续）

- 报告要写清楚基准日，并且不得随意更改，所有在评估中计算所采用的税率、费率、利率及其他价格标准，均应采用基准日当日标准；
- 报告书应有明确的评估目的、范围、二手车整车状态和产权归属；
- 报告应说明评估工作遵循的原则和依据的法条法规，简述鉴定评估过程，写清楚所采用的评估方法；
- 报告书应明确写出鉴定评估的价格结果，鉴定结果中应有二手车的成新率、原值、重置成本及评估价值等；
- 报告书应有齐全的附件

二手车鉴定评估报告内容要求

项目	要求
封面	• 应有封面
首部	• 应有标题； • 报告序号应符合公文要求，包括评估机构的特征字，公文种类的特征字，年份，文件序号
绪言	• 绪言主要是对评估机构接受委托的事项及评估工作进行情况说明
委托方信息	• 按照财政部门要求，需要填写委托方的详细情况
鉴定评估目的	• 写明本次鉴定评估是为了满足委托方评估目的
鉴定评估对象	• 简要写明车辆的厂牌型号、车牌号码、发动机号、车辆识别代号 / 车架号、注册登记日期、年审检验合格有效日期、公路规费交至日期、车辆购置税证号码、车船使用税缴纳有效期
鉴定评估基准日	• 二手车的技术状况和市场价格时刻都在变动，评估基准日是评估师在评估鉴定车辆和选取市场价格标准依据的基准时间，式样为：鉴定评估基准日是 ×××× 年 ×× 月 ×× 日

学习笔记

学习笔记

发动机号：CA4G ××××-××　　车辆 VIN 码：LFPH4CP×××××××××

车身颜色：蓝色　　表征里程：3.56 公里　　初次登记日期：2018年 6 月 15日

年审检验合格至：2021 年 6 月　　交强险截至日期：2021 年 6 月

车船税截至日期：2021 年 6 月

是否查封、抵押车辆：□是 ☑否　　车辆购置税（费）证：☑有 □无

机动车登记证书：☑有 □无　　机动车行驶证：☑有 □无

未接受处理的交通违法记录：□有 ☑无

使用性质：□公务用车 ☑家庭用车 □营运用车 □出租车 □其它：

五、技术鉴定结果

技术状况缺陷描述：左前翼子板更换、左前翼子板内缘修复、左前大灯更换、左侧后视镜有漆雾。

重要配置及参数信息：无

技术状况鉴定等级：一级　　等级描述：左前翼子板内缘修复

六、价值评估

价值估算方法：□现行市价法☑重置成本法□其他

价值估算结果：车辆鉴定评估价值为人民币 11.33 元，金额大写：拾壹万叁仟叁佰元

七、特别事项说明[1]

八、鉴定评估报告法律效力

本鉴定评估结果可以作为作价参考依据。本项鉴定评估结论有效期为 90 天，自鉴定评估基准日至 2021 年 7 月 19 日止；

图 6-1-1　二手车鉴定评估报告示例（2）

（续）

评估原则	• 严格遵守“客观性、独立性、公正性、科学性”的原则
评估依据	• 行为依据：指二手车鉴定评估委托书、法院的委托书等经济行为文件； • 法律法规依据：包括车辆鉴定评估的有关条款、文件及涉及车辆评估的有关法律、法规等； • 产权依据：评估车辆的机动车登记证书或其他能够证明车辆产权的文件等； • 评定及取价依据：鉴定评估机构收集的国家有关部门发布的统计资料和技术标准资料以及评估机构收集的有关询价资料和参数资料等
评估方法及计算过程	• 简要说明鉴定评估师在评估过程中所选用的评估方法；简要说明选择该评估方法的依据或原因
评估过程	• 反映二手车鉴定评估机构从接受评估委托起到提交评估报告为止的工作过程，包括接受委托、验证、现场勘查、市场调研与询问、评定估算和提交报告等过程
评估结论	• 给出被评估车辆的评估价格、金额（大写、小写）
特别事项	• 说明鉴定评估师认为需要说明的其他问题，但非鉴定评估师职业水平和能力评定估算的有关事项，应提示评估报告使用者注意
	• 揭示评估报告的有效日期，特别提示评估基准日期后的事项对评估结论的影响以及评估报告的使用范围等，以下是常见写法：

无欲速，无见小利。欲速，则不达；见小利，则大事不成。

九、声明：

⑴本鉴定评估机构对该鉴定评估报告承担法律责任；

⑵本报告所提供的车辆评估价值为评估基准日的价值；

⑶该鉴定评估报告的使用权归委托方所有，其鉴定评估结论仅供委托方为本项目鉴定评估目的使用和送交二手车鉴定评估主管机关审查使用，不适用于其他目的，否则本鉴定评估机构不承担相应法律责任；因使用本报告不当而产生的任何后果与签署本报告书的鉴定评估人员无关；

⑷本鉴定评估机构承诺，未经委托方许可，不将本报告的内容向他人提供或公开，否则本鉴定评估机构将承担相应法律责任。

附件：

一、二手车鉴定评估委托书

二、二手车技术状况鉴定作业表

三、车辆行驶证、机动车登记证书证复印件

四、被鉴定评估二手车照片（要求外观清晰，车辆牌照能够辨认）

二手车鉴定评估师（签字、盖章）　　　　**复核人[2]（签字、盖章）**

杨帆　　　　齐红

（二手车鉴定评估机构盖章）

2021 年 4 月 20 日

2021 年 4 月 20 日

[1]特别事项是指在已确定鉴定评估结果的前提下，鉴定评估人员认为需要说明在鉴定过程中已发现可能影响鉴定评估结论，但非鉴定评估人员执业水平和能力所能鉴定评定估算的有关事项以及其他问题。

[2]复核人是指具有高级二手车鉴定评估师资格的人员

备注：1、本报告书和作业表一式三份，委托方二份，受托方一份；

2、鉴定评估基准日即为《二手车鉴定评估委托书》签订的日期。

图 6-1-1　二手车鉴定评估报告示例（3）

（续）

评估报告的法律效力	• 本项评估结论有效期为 90 天，自评估基准日至 ×××× 年 ×× 月 ×× 日止； • 当评估目的在有效期内实现时，本评估结果可以作为交易价参考依据；超过 90 天需重新评估； • 在评估报告的有效期内若被评估车辆的市场价格发生变化或因交通事故等原因导致车辆价值发生变化，对车辆评估结果产生明显影响时，委托方也需重新委托评估机构进行评估； • 鉴定评估报告的使用权归委托方所有，其评估结论仅供委托方为本项目评估目的使用或送交二手车鉴定评估主管机关审查使用，不适用于其他目的； • 因使用本报告不当而产生的任何后果与签署本报告的鉴定评估师无关；未经委托方许可，本鉴定评估机构承诺不将本报告的内容向他人提供或公开
鉴定评估报告的提出日期	• 写明评估报告应提交委托方的具体时间，评估报告原则上应在确定的评估基准日后 1 周内提出
附件	• 包括二手车鉴定评估委托书、二手车鉴定评估作业表、车辆行驶证、车辆购置税、车辆登记证书复印件、二手车鉴定评估师资格证书复印件、鉴定评估机构营业执照复印件、鉴定评估机构资质复印件和二手车照片等
尾部	• 写明出具评估报告的评估机构名称并盖章； • 写明评估机构法定代表人姓名并签名； • 鉴定评估师盖章并签名； • 高级鉴定评估师审核签字

学习笔记

学习笔记

任务测评

一、知识测评

确定本任务关键词，按重要程度进行关键词排序并举例解读。

根据自己对重要信息捕捉、排序、表达、创新和划分权重能力进行自评，见表 6-1-2，满分 100 分。

表 6-1-2　撰写评估报告知识测评表

序号	关键词	举例解读	评分自定
1			
2			
3			
4			
5			
总分			

二、能力测评

对表6-1-3所列内容，操作规范即得分，操作错误或未操作即零分。

表 6-1-3　撰写评估报告能力测评表

序号	能力点	配分	得分
1	能够正确录入车辆基本信息	20	
2	能够正确录入重要配置	20	
3	能够正确录入是否为事故车	20	
4	能够正确录入鉴定结果及等级	20	
5	能够正确录入车辆技术状况鉴定缺陷描述	20	
总分		100	

三、素养测评

对表 6-1-4 所列素养点，做到即得分，未做到即零分。

表 6-1-4　撰写评估报告素养测评表

序号	素养点	配分	得分
1	安全作业，无安全隐患	20	
2	保护环境，无乱扔乱倒	20	
3	行为规范，无不当行为	20	
4	团队协作，无不洽关系	20	
5	场地“5S”	20	
总分		100	

四、拓展训练

（1）请说出完成撰写评估报告需要哪几项内容。（满分 25 分）

（2）请说明撰写评估报告有哪些注意事项。（满分 25 分）

（3）请按下列思维导图格式（见图 6-1-2），对撰写评估报告的学习收获进行总结，你认为给你的报告格式是否还可以增添项目加以补充完善，将补充的项目填写到思维导图的空格中。（满分 50 分）

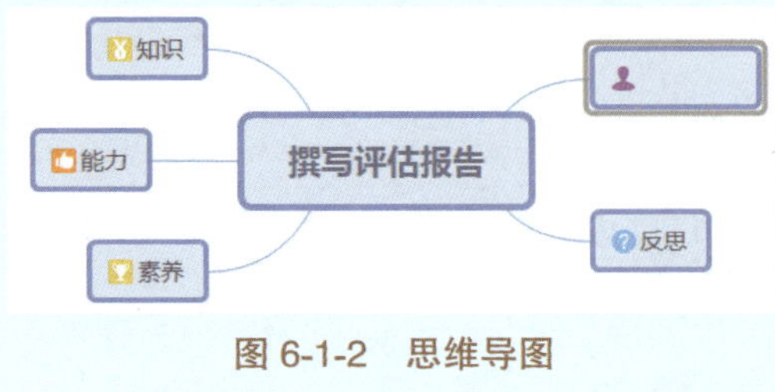

图 6-1-2　思维导图

无欲速，无见小利。欲速，则不达；见小利，则大事不成。

学习笔记

任务二　完备鉴定评估报告

职业行动

流程一：工作准备

1. 工作地点

二手车鉴定评估办公区。

2. 工作设施

计算机、办公桌、照相机、打印机。

3. 工作用品

二手车鉴定评估作业表、二手车鉴定评估委托书、机动车证件、签字笔，见表 6-2-1。

表 6-2-1　工作用品

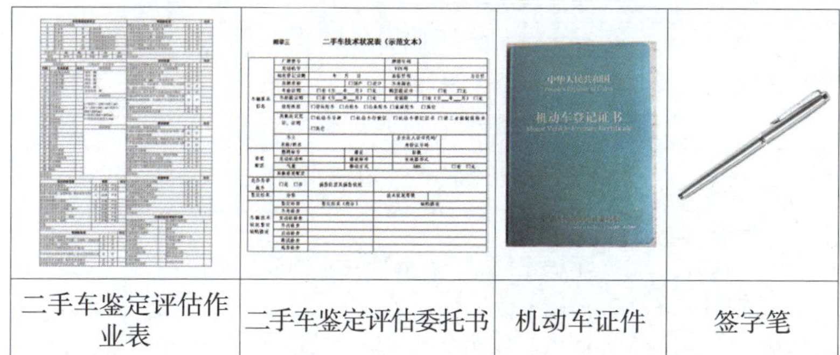

二手车鉴定评估作业表	二手车鉴定评估委托书	机动车证件	签字笔

流程二：车辆拍照

1. 拍照区准备

（1）鉴定评估师助理高尚将车辆开至洗车场地，高尚和齐红将车辆外边和内部清洁干净。

职业知识

办公用品及功能

用品	功能
照相机	拍摄车辆
二手车鉴定评估作业表	查看车辆技术状况
二手车技术状况表	查看技术状况等级
机动车证件	完备二手车鉴定评估报告材料

二手车拍照准备要求

- 清洗车辆的外观、内饰，擦拭干净，车内无多余物品，保证车辆整洁；
- 车辆前挡风玻璃和仪表台无多余物品；
- 车牌无遮挡，真实反映车辆信息；
- 所有车门处于关闭状态，清晰观察整车外观情况；
- 转向盘回正，所有车轮处于直线行驶状态

拍摄时间和场地的选择要求

时间	• 一般不选择在雨雪天气进行拍摄
场地	• 选择室外； • 选择宽敞、平坦的场地； • 选择品牌二手车经销商和 4S 店二手车部门会选择门店的前方； • 选择地点应能展示门店品牌的信息； • 背景应选择简单或者使用品牌背景布； • 背景保证整洁、干净

学习笔记

（2）鉴定评估师杨帆请示车主张先生需要收起私人物品后，高尚和齐红将车主张先生的私人物品妥善装入指定盒内，并做好标记。

（3）齐红将转向盘回正。

（4）齐红关闭车门，准备好相机，完成拍照前准备。

2. 选择拍摄时间和场地

杨帆将车辆行驶至光线充足、开阔、宽敞的场地。

3. 拍摄车辆整体外观照片

（1）前面照：杨帆走到车辆左前方 45° 拍摄前面照，见图 6-2-1。

（2）左侧面照：杨帆走到车辆左侧正侧面拍摄侧面照，见图 6-2-2。

（3）正后面照：杨帆走到车辆后方 2.5 m 处拍摄正后面照，见图 6-2-3。

（4）后面照：杨帆走到车辆右后方 45° 拍摄后面照，见图 6-2-4。

（5）右侧面照：杨帆走到车辆右侧正侧面拍摄侧面照，见图 6-2-5。

（6）正前面照：杨帆走到车辆正前方 2.5 m 处完整拍摄正面照，见图 6-2-6。

（7）破损部位：高尚用卷尺测量左侧翼子板内缘修复尺寸，杨帆照射修复部位照片。

4. 拍摄车辆细节照片

（1）杨帆坐到车内将车辆通电，仪表盘各指示灯亮起、里程表显示后拍摄仪表盘，拍摄变速器操纵杆，拍摄转向盘，见图 6-2-7、图 6-2-8。

（2）杨帆走下车，开启主驾驶车门，拍摄前排座椅，见图 6-2-9。

（3）齐红打开后排左侧车门，杨帆向前拍摄后排座椅左侧 45°，见图 6-2-10。

（4）齐红开启发动机舱盖，杨帆拍摄完整发动机舱，拍摄左右翼子板内侧，齐红关闭发动机舱盖，见图 6-2-11。

（5）齐红开启行李舱盖，杨帆拍摄行李舱内部整体情况，拍摄行李舱左右翼子板内衬。

（6）齐红打开行李舱内备胎盖板，拍摄随车工具及备胎，见图 6-2-12。

距离、角度、光照方向的选择要求	
距离	• 拍摄距离是拍摄立足点与被拍照二手车的远近； • 一般选择能够将全车影像充满整个像面的位置
角度	• 拍摄角度是指拍摄立足点与被拍照二手车的方位关系； • 上下关系：俯拍、平拍和仰拍； • 左右关系：正面拍摄和侧面拍摄
光照方向	• 光照方向是指光线与相机拍摄方向的关系； • 正面光、侧面光和逆光； • 尽量采用正面光，二手车轮廓分明、号牌清晰、车身颜色真实

二手车整车外观拍摄位置	
前面照	• 车辆左前侧呈 45° 方向拍摄； • 这个角度照片是标准照； • 应能展示车辆的全貌
侧面照	• 在车辆正侧面进行拍摄； • 应能展示车辆侧面腰线的平顺性，侧面漆面情况，各连接部件缝隙均匀一致性
后面照	• 车辆右后侧呈 45° 方向拍摄； • 展示车辆后方的全貌
正前面	• 车辆正前方 2.5 m 处对车辆进行拍照； • 应能展示车辆保险杠、进气格栅、牌照、牌照框、前风挡玻璃及发动机舱的情况
正后面	• 车辆正后方 2.5 m 处对车辆进行拍照； • 应能展示车辆后保险杠、牌照、牌照框、后风挡玻璃及行李舱的情况
破损部位	• 带标尺拍照

世上无难事，只怕有心人。

图 6-2-1　左前方 45° 照

图 6-2-2　左侧面照

图 6-2-3　正后面照

图 6-2-4　右后方 45° 照

图 6-2-5　右侧面照

图 6-2-6　正面照

评估报告撰写要求	
评估资料分类整理	• 被评估车辆的有关背景资料、技术鉴定情况资料及其他可供参考的数据记录等评估资料是编制二手车鉴定评估报告的基础； • 应有专人将评估资料进行分类整理； • 评估鉴定作业表的审核、评估依据的说明和最后形成评估的文字材料应需要专人审核
评估资料分析讨论	• 在整理资料工作完成后，评估工作人员应对评估的情况和初步结论进行分析讨论； • 发现存在提法不妥、计算错误、作价不合理等方面的问题，要求进行必要的调整； • 最终应在充分讨论的基础上得出一个正确的结论
评估报告撰写	• 鉴定评估师通过资料汇总编排，确定二手车鉴定评估的基本情况； • 完成评估报告的初稿，然后与委托方交换意见，认真分析委托方提出的问题和意见； • 在坚持客观、公正、科学、可行的前提下，修改评估报告； • 修正完毕后可撰写正式二手车鉴定评估报告
评估报告审核	• 完成的评估报告应先由项目负责人审核； • 再报评估机构经理签发； • 再由二手车鉴定评估师签字并加盖评估机构公章； • 最后送达客户签收

学习笔记

学习笔记

图 6-2-7　仪表盘照

图 6-2-8　操纵杆照

图 6-2-9　前排座椅

图 6-2-10　后排座椅

图 6-2-11　发动机舱照

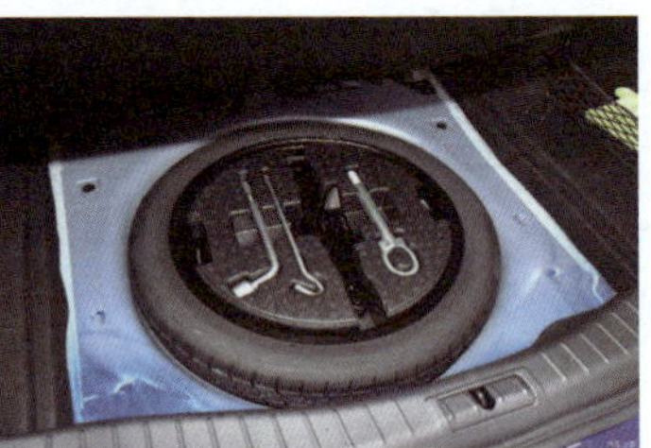

图 6-2-12　随车工具照

评估报告附件

- 二手车鉴定评估委托书；
- 二手车技术状况鉴定作业表；
- 车辆行驶证、机动车登记证书证复印件；
- 被鉴定评估二手车照片（要求外观清晰，车辆牌照能够辨认）

评估报告附件要求

- 字迹清晰；
- 信息完备；
- 鉴定技术状况准确；
- 证件复印件齐全且清晰；
- 照片外观清晰；
- 车辆牌照照片清晰能够辨认

世上无难事，只怕有心人。

学习笔记

任务测评

一、知识测评

确定本任务关键词，按重要程度进行关键词排序并举例解读。

根据自己对重要信息捕捉、排序、表达、创新和划分权重能力进行自评，见表 6-2-2，满分 100 分。

表 6-2-2　完备评估报告知识测评表

序号	关键词	举例解读	评分自定
1			
2			
3			
4			
5			
总分			

二、能力测评

对表 6-2-3 所列内容，操作规范即得分，操作错误或未操作即零分。

表 6-2-3　完备评估报告能力测评表

序号	能力点	配分	得分
1	能够确认录入车辆基本信息准确性	20	
2	能够确认录入评估报告内容准确性	20	
3	能够正确拍摄车辆照片	20	
4	能够清晰复印车辆证件	20	
5	能够完备评估报告	20	
总分		100	

三、素养测评

对表 6-2-4 所列素养点，做到即得分，未做到即零分。

表 6-2-4　完备评估报告素养测评表

序号	素养点	配分	得分
1	安全作业，无安全隐患	20	
2	保护环境，无乱扔乱倒	20	
3	行为规范，无不当行为	20	
4	团队协作，无不洽关系	20	
5	场地“5S”	20	
总分		100	

四、拓展训练

（1）请说出完成撰写评估报告需要哪几项内容（满分 25 分）。

（2）请说明撰写评估报告有哪些注意事项。（满分 25 分）

（3）请按下列思维导图格式（见图 6-2-13），对完备评估报告的学习收获进行总结，一份评估报告是鉴定项目与鉴定结论的完整体现，这是一种系统思维的成果，结合一份完备的评估报告，将你对系统思维的理解填到空格里。（满分 50 分）

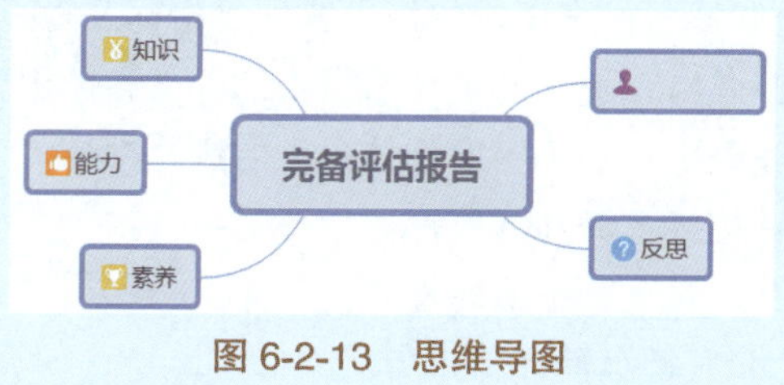

图 6-2-13　思维导图

学习笔记

学习考评

一、考评项目

鉴定评估师助理齐红整理二手车鉴定评估作业表，在计算机中打开鉴定评估报告模板，填写车辆信息及鉴定结果，鉴定评估师助理高尚复印车辆证件，打印二手车鉴定评估委托书及二手车鉴定评估作业表，准备向车主王先生提交鉴定评估报告。

二、实施准备

1. 学生准备

学生在按照教学进度计划，已经完成了以下学习任务并达到了 75 分以上，可进行该学习考评的实施。

（1）理解并完成学习考评需要的相关知识和方法的学习，得分大于 75 分。

（2）运用学习考评需要的相关知识和规范进行作业，得分大于 75 分。

（3）按时、按质、按量完成相应作业，得分大于 80 分。

（4）具有自觉遵守技术标准和要求规定、规范操作、安全、环保、“5S”作业、团结协作的好习惯，得分大于 80 分。

（5）能够说出车辆动力性能评价指标、车辆制动性能评价指标、前照灯评价指标、汽车排放污染物评价指标及噪声评价指标。

（6）能够说出二手车鉴定评估报告的释义和作用。

（7）能够说出二手车鉴定评估报告的撰写内容。

（8）能够拍摄车辆外部照片。

（9）能够拍摄车辆细节照片。

（10）能够完备车辆评估报告。

2. 教师准备

（1）在安排学生实施学习考评前，通过课堂问题研讨、作业、实训和考核及其他方式，确认学生已经具备了实施学习考评所需的知识、技能和素养，并确保学生在安全状态下独立进行。

（2）对协助教师进行测评的学生进行测评和监督方法的培训，确保测评结果的准确性和公平性。

（3）准备好测评记录。

三、验证方法与标准

（1）每位测评人员负责对 1 名学生进行定点、全过程的监控和测评。

（2）详细记录学生在实施学习考评过程中的相关信息、数据、结果、操作方法、完成时间，以及出现错误、事故等情况。

（3）学习考评的作业过程和数据记录等，要求在 60min 内完成，时间不足，可在即将结束时，口述剩余部分的作业方法。

（4）考核内容及评分标准见下表。

考核内容及评分标准

序号	评分项	得分条件	评分标准	配分	扣分
1	安全 /5S/ 态度	□ 1. 能正确佩戴胸牌 □ 2. 能做好安全防护 □ 3. 能正确遵守礼仪礼节 □ 4. 能正确与客户交谈，语气适中	未完成 1 项扣 4 分，扣分不得超过 15 分	15	
2	专业技能能力	□ 1. 能够在计算机中准确找到鉴定评估报告模板 □ 2. 能够准确填写车辆信息 □ 3. 能够准确填写车辆鉴定结果 □ 4. 能够准确核对评估报告	未完成 1 项扣 5 分，扣分不得超过 50 分	50	

（续）

序号	评分项	得分条件	评分标准	配分	扣分
2	专业技能能力	□ 5. 能够清晰拍摄外部照片 □ 6. 能够清晰拍摄车辆细节照片 □ 7. 能够正确复印车辆证件 □ 8. 能够正确打印二手车鉴定评估委托书 □ 9. 能够正确打印二手车鉴定评估作业表 □ 10. 能够完备评估报告			
3	工具及设备的使用	□ 1. 能正确使用计算机 □ 2. 能正确使用打印机 □ 3. 能正确复印车辆证件	未完成 1 项扣 4 分，扣分不得超过 10 分	10	
4	资料、信息查询能力	□ 1. 能正确在规定的时间内查询所需资料 □ 2. 能正确记录所需信息	未完成 1 项扣 5 分，扣分不得超过 10 分	10	
5	数据的判断和分析能力	□ 1. 能正确核对车辆信息 □ 2. 能正确核对二手车鉴定评估结果 □ 3. 能正确核查评估报告附件	未完成 1 项扣 4 分，扣分不得超过 10 分	10	
6	表单填写与报告的撰写能力	□ 1. 字迹清晰 □ 2. 语句通顺 □ 3. 无错别字 □ 4. 无涂改 □ 5. 无抄袭与客户交谈，语气适中	未完成 1 项扣 1 分，扣分不得超过 5 分	5	
合计					

四、考评报告

说明：考评分为理论考评和实操考评，理论考评根据项目要求以及考评模板格式制定项目实施方案，方案经教师审核合格后，方可进行实操考评。考评报告模板详见附录 A。

学习笔记

学习笔记

拓展阅读——鉴定评估案例分析

一、基本情况

某司法鉴定中心（以下简称中心）接到一个咨询电话，咨询车辆肇事后能不能做车辆安全性能的鉴定，随后中心客服安排中心痕迹室工作人员与鉴定人取得联系，经了解：小王驾驶五菱小型汽车在大广高速北京方向 1 454 km+320 m 处发生交通事故，车辆失控后撞向右侧护栏，并发生侧翻的道路交通事故。随后就有人提出车辆好好地行驶，怎么突然间就发生撞护栏的道路交通事故呢，是不是车辆的安全性能出现了问题。随后小王委托中心对车辆的制动性能和转向性能进行司法鉴定。

二、鉴定过程

中心在接到委托后，依照 GA 41—2014《道路交通事故痕迹物证勘验》有关条款及方法进行勘验。依照 GA 50—2014《交通事故勘验照相》有关条款及方法进行照相取证；依照 GA/T 1087—2013《道路交通事故痕迹鉴定》有关条款及方法进行鉴定；依据 GA/T 642—2006《交通事故车辆安全技术检验鉴定》。依照 GA/T 643—2006《典型交通事故形态车辆行驶速度技术鉴定》有关条款及方法进行计算。GB 7258—2012《机动车运行安全技术条件》有关条款及方法进行鉴定。

本小型汽车前轮为液压盘式制动，制动摩擦片未见油污，其厚度在维修规范内。前轮制动性符合 GA/T 642—2006《交通事故车辆安全技术检验鉴定》相关安全技术要求及符合 GB 7258—2012《机动车运行安全技术条件》中第 7.2.1 条款的规定。后轮制动后轮为液压双向自动增压式，由活塞涨开带驻车制动器式。摩擦片磨耗量在规定范围内，后轮制动性符合 GA/T 642—2006《交通事故车辆安全技术检验鉴定》相关安全技术要求及 GB 7258—2012《机动车运行安全技术条件》中第 7.2.1 条款的规定。综合判定：车辆制动性能符合国家标准要求。经现场测试车辆转向系统球头连接有效无松旷，车辆的转向盘转动灵活，操纵方便，无卡滞现象，自由行程符合国家标准，转向回位正，符合 GB 7258—2012《机动车运行安全技术条件》第 6.2 条款和第 6.4 条款中的 a) 款安全技术条件。转向节及臂，左右转向横拉杆及球销未见有裂纹和损伤，符合 GB 7258—2012《机动车运行安全技术条件》第 6.12 条款的规定。

综上分析：车辆转向性能符合国家标准要求。

经勘验车辆的行驶系统（如轮胎及悬架）无不良情况，依据车辆在水平道路上侧翻的临界速度，结合事故现场照片及事故现场图综合分析认为，该起事故是由于该车辆在行驶速度较快情况下，急打方向（向右），造成车辆产生较大的附加离心力。迫使车辆向左侧倾覆，在侧翻的同时绕横轴旋转 180°，车辆尾部及车顶先后与道路东侧护栏碰撞。

综上分析：车辆安全性能符合国家标准，排除由于车辆安全性能发生事故的可能性。

中心站在公正的第三方角度，依照相关技术标准并依靠专业技术，给出最公正的司法鉴定结果。

思考：请仔细阅读案情基本情况及鉴定过程，将事故基本情况、鉴定过程、参考的法条法规、分析结果用思维导图绘制出来，完成一份思维导图式的鉴定报告，并通过思维导图及案情依照的法条法规，思考第三方在鉴定过程应该秉持的原则和态度。

学习笔记

学习笔记

附录 A　学习成果考评报告

学习笔记

项目一　学习成果考评报告

考评报告

项目名称：评估准备		考核时间：60 min（理论）+ 实操（90 min）	
姓名：	班级：	学号：	教师签字：
自评：□合格 □不合格	互评：□合格 □不合格	师评：□合格 □不合格	
日期：	日期：	日期：	

工作流程

第一部分　客户信息登记表

年　月　日

车主姓名		联系电话		QQ/ 微信	
车辆品牌		车　型		年　款	
备注：					

第二部分　二手车辆信息登记表

二手车辆信息登记表

年　月　日

车主单位（或个人）		
评估目的	□交易 □典当 □拍卖 □置换 □抵押 □担保 □咨询 □司法裁决	
类别	□乘用车 □商用车	
车辆信息	车辆品牌	
	型号	
	生产厂家	
	使用燃料种类	□汽油 □柴油 □天然气 □混合动力 □纯电
	车辆初次注册日期	年　月　日
	已使用年限	
	行驶里程	km
来历	□市场中购买　□走私罚没　□捐赠免税车	
车籍		
使用性质	□非营运　□营运	
证件及税费是否齐全	□机动车来历证明　□机动车行驶证 □机动车登记证书　□机动车号牌 □机动车检验合格标志　□车辆购置税完税证明 □车船使用税　□机动车强制保险单	
	（不齐全请记录缺少的相关材料原因）	
事故情况		
备注		

第三部分　二手车鉴定评估委托书

委托书编号：____________

委托方名称（姓名）：　　法人代码证（身份证）号：

鉴定评估机构名称：　　法人代码证：

委托方地址：　　鉴定评估机构地址：

联系人：　　电话：

因　□交易　□典当　□拍卖　□置换　□抵押　□担保　□咨询　□司法裁决需要，委托人与受托人达成委托关系，号牌号码为________，车辆类型为

学习笔记

________，车架号（VIN 码）为________的车辆进行技术状况鉴定并出具评估报告书，________年________月________日前完成。

<table>
<tr><td colspan="6">委托评估车辆基本信息</td></tr>
<tr><td rowspan="7">车辆情况</td><td>厂牌型号</td><td></td><td>使用用途</td><td colspan="2">营运 □
非营运 □</td></tr>
<tr><td>总质量 / 座位 / 排量</td><td></td><td>燃料种类</td><td colspan="2"></td></tr>
<tr><td>初次登记日期</td><td>年 月 日</td><td>车身颜色</td><td colspan="2"></td></tr>
<tr><td>已使用年限</td><td>年 个月</td><td>累计行驶里程(万公里)</td><td colspan="2"></td></tr>
<tr><td>大修次数</td><td>发动机（次）</td><td></td><td>整车(次)</td><td></td></tr>
<tr><td>维修情况</td><td colspan="4"></td></tr>
<tr><td>事故情况</td><td colspan="4"></td></tr>
<tr><td>价值反映</td><td>购置日期</td><td>年 月 日</td><td>原始价格(元)</td><td colspan="2"></td></tr>
<tr><td colspan="6">委托方：（签字、盖章）　　受托方：(签字、盖章)
（二手车鉴定评估机构盖章）
年 月 日　　年 月 日</td></tr>
</table>

第四部分　拟定评估鉴定作业方案

二手车鉴定评估作业方案

一、委托方与车辆所有方简介

委托方______

委托方联系人______，联系电话________

二、评估目的

根据委托方的要求，本项目评估目的（在□处填√）：

□交易 □转籍 □拍卖 □置换 □抵押 □担保 □咨询 □司法裁决

三、评估对象

评估车辆的厂牌型号：( )；号牌号码：( )。

四、鉴定评估基准日

鉴定评估基准日：_______ 年 _______ 月 _______ 日。

（续）

五、拟定评估方法（在□处填√）

□重置成本法 □现行市价法 □收益现值法 □其他

六、拟定评估人员

负责评估师：( )

协助评估人员：( )

七、现场工作计划

负责评估师组织相关人员，于 _______ 年 ______ 月 ______ 日 ______ 时前，参照各项工作的参考时间，完成下列工作。

（1）证件核对：20 分钟。

（2）鉴定二手车现时技术状况。

静态检查与动态检查：120 分钟；

仪器设置检查：送 × × × 检测站：2 小时。

（3）车辆拍照：10 分钟。

（4）评定估算：2 小时。

（5）撰写评估报告：2 小时。

八、评估作业程序

按照接受委托、验证、现场查勘、评定估算和提交报告的程序进行。

九、拟定提交评估报告时间

______ 年 ______ 月 ______ 日

第五部分　项目总结

注：表格不足可加行。

项目二　学习成果考评报告

考评报告

项目名称：判别碰撞事故车		考核时间：60min（理论）+ 实操（90min）	
姓名：	班级：	学号：	教师签字：
自评：□合格 □不合格	互评：□合格 □不合格	师评：□合格 □不合格	
日期：	日期：	日期：	

工作流程

第一部分　车体结构检查项目作业表

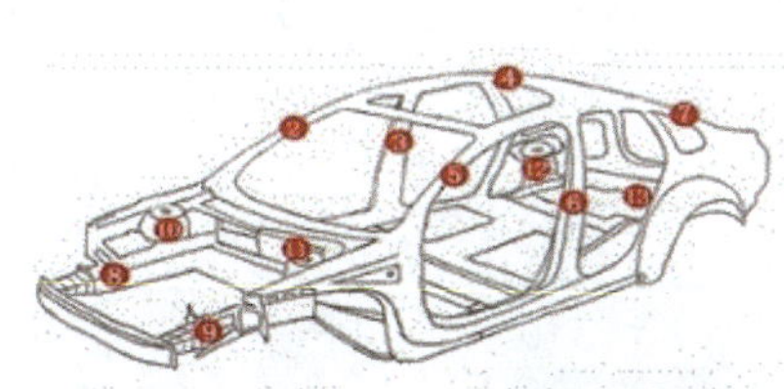

2 左A柱　6 右B柱　10 左前减振器悬挂部位
3 左B柱　7 右C柱　11 右前减振器悬挂部位
4 左C柱　8 左前纵梁　12 左后为减振器悬挂部位
5 右A柱　9 右前纵梁　13 右后为减振器悬挂部位

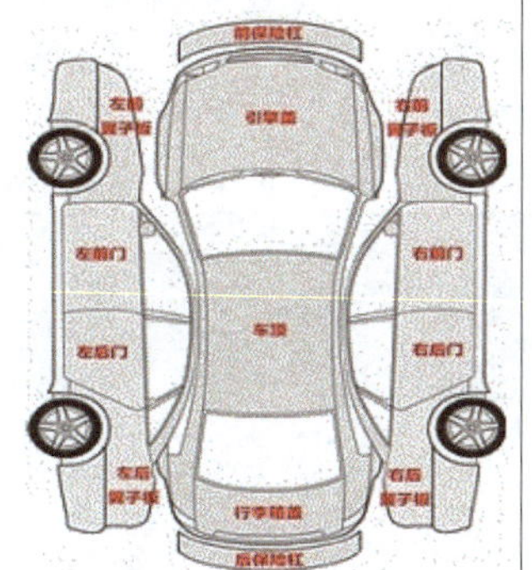

1	车体左右对称性		
2	左 A 柱	8	左前纵梁
3	左 B 柱	9	右前纵梁
4	左 C 柱	10	左前减振器悬挂部位
5	右 A 柱	11	右前减振器悬挂部位
6	右 B 柱	12	左后减振器悬挂部位

（续）

7	右 C 柱		13	右后减振器悬挂部位	
代表字母	BX	NQ	GH	SH	ZZ
描述	变形	扭曲	更换	烧焊	褶皱
缺陷描述					
事故判定	□事故车 □正常车				

第二部分　车身外观检查项目作业表

序号	车身检查	扣分	缺陷描述
14	发动机舱盖表		划痕 HH 变形 BX 锈蚀 XS 裂纹 LW 凹陷 LW 修复痕迹 XF 缺陷程度
15	左前翼子板		
16	左后翼子板		
17	右前翼子板		
18	右后翼子板		
19	左前车门		
20	左后车门		1—面积≤（100 × 100）mm^2 2—（100 × 100）mm^2< 面积≤（200 × 300）mm^2 3—面积 >（200 × 300）mm^2 4—轮胎花纹深度 <1.6 mm
21	右前车门		
22	右后车门		
23	行李箱盖		
24	行李箱内侧		
25	车顶		
26	前保险杠		
27	后保险杠		
28	左前轮		缺陷描述
29	左后轮		

学习笔记

学习笔记

（续）

29	左后轮		
30	右前轮		
31	右后轮		
32	前照灯		
33	后尾灯		
34	前挡风玻璃		
35	后挡风玻璃		
36	四门车窗玻璃		
37	左后视镜		
38	右后视镜		
39	其他项目		
其他项目			

第三部分　发动机舱检查项目作业表

序号	检查项目	A	B	C	扣分
40	机油有无冷却液混入	无	轻微	严重	
41	缸盖外是否有机油渗漏	无	轻微	严重	
42	前翼子板内缘、水箱框架、横拉梁有无凹凸或修复痕迹	无	轻微	严重	
43	散热器格栅有无破损	无	轻微	严重	
44	蓄电池电极桩柱有无腐蚀	无	轻微	严重	
45	蓄电池电解液有无渗漏、缺少	无	轻微	严重	
46	发动机皮带有无老化	无	轻微	严重	
47	油管、水管有无老化、裂痕	无	轻微	严重	
48	线束有无老化、破损	无	轻微	严重	

（续）

49	其他	只描述缺陷，不扣分	

第四部分　驾驶舱检查项目作业表

驾驶舱检查				扣分
序号	检查项目	A	C	
50	车内是否无水泡痕迹	是	否	
51	车内后视镜、座椅是否完整、无破损、功能正常	是	否	
52	车内是否整洁、无异味	是	否	
53	转向盘自由行程转角是否小于 15°	是	否	
54	车顶及周边内饰是否无破损、松动及裂缝和污迹	是	否	
55	仪表台是否无划痕，配件是否无缺失	是	否	
56	排挡把手柄及护罩是否完好、无破损	是	否	
57	储物盒是否无裂痕，配件是否无缺失	是	否	
58	天窗是否移动灵活、关闭正常	是	否	
59	门窗密封条是否良好、无老化	是	否	
60	安全带结构是否完整、功能是否正常	是	否	
61	驻车制动系统是否灵活有效	是	否	
62	玻璃窗升降器、门窗工作是否正常	是	否	
63	左、右后视镜折叠装置工作是否正常	是	否	
64	其他			

第五部分　车辆底盘检查项目作业表

序号	检查项目	A	C	扣分
85	发动机油底壳是否无渗漏	是	否	
86	变速箱体是否无渗漏	是	否	
87	转向节臂球销是否无松动	是	否	

（续）

88	三角臂球销是否无松动	是	否	
89	传动轴十字轴是否无松旷	是	否	
90	减振器是否无渗漏	是	否	
91	减振弹簧是否无损坏	是	否	
92	其他	只描述缺陷，不扣分		

第六部分　车辆功能性零部件检查作业表

序号	类别	零部件名称	序号	类别	零部件名称
93	车身部件	发动机舱盖锁止	105	随车附件其他	备胎
94		发动机舱盖液压撑杆	106		千斤顶
95		后门 / 行李舱液压支撑杆	107		轮胎扳手及随车工具
96		各车门锁止	108		三角警示牌
97		前后刮水器	109		灭火器
98		立柱密封胶条	110		全套钥匙
99		排气管及消音器	111		遥控器及功能
100		车轮轮毂	112		喇叭高低音色
101	驾驶舱内部件	车内后视镜	113	其他	玻璃加热功能
102		座椅调节及加热			
103		仪表板出风管道			
104		中央集控			

第七部分　项目总结

（续）

注：表格不足可加行。

学习笔记

学习笔记

项目三　学习成果考评报告

考评报告

项目名称：鉴别车辆动态技术状况		考核时间：60min（理论）+ 实操（90min）	
姓名：	班级：	学号：	教师签字：
自评：□合格 □不合格	互评：□合格 □不合格	师评：□合格 □不合格	
日期：	日期：	日期：	

工作流程

第一部分　启动检查项目作业表

序号	检查项目	A	C
65	车辆启动是否顺畅（时间少于 5 s，或一次启动）	是	否
66	仪表板指示灯显示是否正常，无故障报警	是	否
67	各类灯光和调节功能是否正常	是	否
68	泊车辅助系统工作是否正常	是	否
69	制动防抱死系统（ABS）工作是否正常	是	否
70	空调系统风量、方向调节、分区控制、自动控制、制冷工作是否正常	是	否
71	发动机在冷、热车条件下怠速运转是否稳定	是	否
72	怠速运转时发动机是否无异响，空挡状态下逐渐增加发动机转速，发动机声音过渡是否无异响	是	否
73	车辆排气是否无异常	是	否
74	其他	只描述缺陷，不扣分	

（续）

第二部分　路试检查项目作业表

序号	检查项目	A	C
75	发动机运转、加速是否正常	是	否
76	车辆启动前踩下制动踏板，保持 5 ～ 10 s，踏板无向下移动的现象	是	否
77	踩住制动踏板启动发动机，踏板是否向下移动	是	否
78	行车制动系最大制动效能在踏板全行程的 4/5 以内达到	是	否
79	行驶是否无跑偏	是	否
80	制动系统工作是否正常有效、制动不跑偏	是	否
81	变速箱工作是否正常、无异响	是	否
82	行驶过程中车辆底盘部位是否无异响	是	否
83	行驶过程中车辆转向部位是否无异响	是	否
84	其他	只描述缺陷，不扣分	

第三部分　路试后检查项目作业表

序号	检查项目	缺陷记录

第四部分　项目总结

注：表格不足可加行。

学习笔记

项目四　学习成果考评报告

考评报告

<table>
<tr><td colspan="2">项目名称：检测车辆主要技术性能</td><td colspan="2">考核时间：60 min（理论）+ 实操（90 min）</td></tr>
<tr><td>姓名：</td><td>班级：</td><td>学号：</td><td rowspan="3">教师签字：</td></tr>
<tr><td>自评：□合格
□不合格</td><td>互评：□合格
□不合格</td><td>师评：□合格
□不合格</td></tr>
<tr><td>日期：</td><td>日期：</td><td>日期：</td></tr>
</table>

工作流程

第一部分　检测车辆主要技术性能

序号	检查项目	检查结果		备注
1	车辆动力性能	□合格	□不合格	
2	车辆制动性能	□合格	□不合格	
3	车辆操纵稳定性能	□合格	□不合格	
4	车辆前照灯技术状况	□合格	□不合格	
5	车辆排气污染物	□合格	□不合格	
6	车辆噪声污染	□合格	□不合格	

第二部分　评定车辆技术状况等级

<table>
<tr><td rowspan="8">车辆基本信息</td><td>厂牌型号</td><td colspan="2"></td><td>牌照号码</td><td></td></tr>
<tr><td>发动机号</td><td colspan="2"></td><td>VIN 码</td><td></td></tr>
<tr><td>初次登记日期</td><td colspan="2">年　月　日</td><td>表征里程</td><td>万公里</td></tr>
<tr><td>品牌名称</td><td></td><td>□国产　□进口</td><td>车身颜色</td><td></td></tr>
<tr><td>年检证明</td><td colspan="2">□有（至 年 月）□无</td><td>购置税证书</td><td>□有　□无</td></tr>
<tr><td>车船税证明</td><td colspan="2">□有（至 年 月）
□无</td><td>交强险</td><td>□有（至 年 月）
□无</td></tr>
<tr><td>使用性质</td><td colspan="4">□营运用车 □出租车 □公务用车□家庭用车 □其他</td></tr>
</table>

（续）

<table>
<tr><td rowspan="2"></td><td>其他法定凭证、证明</td><td colspan="6">□机动车号牌　□机动车行驶证　□机动车登记证书
□第三者强制保险单　□其他</td></tr>
<tr><td>车主名称 / 姓名</td><td colspan="2"></td><td>企业法人证书代码 / 身份证号码</td><td colspan="3"></td></tr>
<tr><td rowspan="4">重要配置</td><td>燃料标号</td><td></td><td>排量</td><td></td><td>缸数</td><td></td></tr>
<tr><td>发动机功率</td><td></td><td>排放标准</td><td></td><td>变速器形式</td><td></td></tr>
<tr><td>气囊</td><td></td><td>驱动方式</td><td></td><td>ABS</td><td>□有　□无</td></tr>
<tr><td>其他重要配置</td><td colspan="5"></td></tr>
<tr><td colspan="2">是否为事故车</td><td>□是　□否</td><td>损伤位置及损伤状况</td><td colspan="3"></td></tr>
<tr><td colspan="2">鉴定结果</td><td>分值</td><td></td><td>技术状况等级</td><td colspan="2"></td></tr>
<tr><td colspan="2" rowspan="7">车辆技术状况鉴定缺陷描述</td><td>鉴定科目</td><td>鉴定结果（得分）</td><td colspan="3">缺陷描述</td></tr>
<tr><td>车身检查</td><td></td><td colspan="3"></td></tr>
<tr><td>发动机检查</td><td></td><td colspan="3"></td></tr>
<tr><td>车内检查</td><td></td><td colspan="3"></td></tr>
<tr><td>启动检查</td><td></td><td colspan="3"></td></tr>
<tr><td>路试检查</td><td></td><td colspan="3"></td></tr>
<tr><td>底盘检查</td><td></td><td colspan="3"></td></tr>
</table>

第三部分　项目总结

注：表格不足可加行。

学习笔记

项目五　学习成果考评报告

<table>
<tr><th colspan="4">考评报告</th></tr>
<tr><td colspan="2">项目名称：评估价值</td><td colspan="2">考核时间：60min（理论）+ 实操（90min）</td></tr>
<tr><td>姓名：</td><td>班级：</td><td>学号：</td><td rowspan="3">教师签字：</td></tr>
<tr><td>自评：□合格
□不合格</td><td>互评：□合格
□不合格</td><td>师评：□合格
□不合格</td></tr>
<tr><td>日期：</td><td>日期：</td><td>日期：</td></tr>
<tr><th colspan="4">工作流程</th></tr>
<tr><td colspan="4">第一部分　确定成新率</td></tr>
<tr><td colspan="4"></td></tr>
<tr><td colspan="4">第二部分　重置成本法估算车辆价值</td></tr>
<tr><td colspan="4"></td></tr>
</table>

（续）

<table>
<tr><td>第三部分　项目总结</td></tr>
<tr><td></td></tr>
</table>

注：表格不足可加行。

项目六　学习成果考评报告

考评报告			
项目名称：撰写鉴定评估报告		考核时间：60 min（理论）+ 实操（90 min）	
姓名：	班级：	学号：	教师签字：
自评：□合格 □不合格	互评：□合格 □不合格	师评：□合格 □不合格	
日期：	日期：	日期：	
工作流程			

第一部分　撰写评估报告

二手车鉴定评估报告

××××鉴定评估机构评报字（20　　年）第××号

一、绪言

（鉴定评估机构）接受　　的委托，根据国家有关评估及《二手车流通管理办法》和《二手车鉴定评估技术规范》的规定，本着客观、独立、公正、科学的原则，按照公认的评估方法，对牌号为　　的车辆进行了鉴定。本机构鉴定评估人员按照必要的程序，对委托鉴定评估的车辆进行了实地查勘与市场调查，并对其在　　年　　月　　日所表现的市场价值作出了公允反映。现将该车辆鉴定评估结果报告如下：

二、委托方信息

委托方：　　　　托方联系人：

联系电话：　　　　车主姓名 / 名称：（填写机动车登记证书所示的名称）

三、鉴定评估基准日　　年　　月　　日

四、鉴定评估车辆信息

厂牌型号：　　　　牌照号码：

发动机号：　　　　车辆 VIN 码：

（续）

车身颜色：　　表征里程：　　初次登记日期：

年审检验合格至：　　年　　月　　交强险截至日期：　　年　　月

车船税截至日期：　　年　　月

是否查封、抵押车辆：□是 □否　车辆购置税（费）证：　□有 □无

机动车登记证书：　□有 □无　机动车行驶证：　□有 □无

未接受处理的交通违法记录：□有 □无

使用性质：□公务用车 □家庭用车 □营运用车 □出租车　□其他：

五、技术鉴定结果

技术状况缺陷描述：________________________________

重要配置及参数信息：

技术状况鉴定等级：____________等级描述：____________

六、价值评估

价值估算方法：□现行市价法□重置成本法□其他____________

价值估算结果：车辆鉴定评估价值为人民币____________元，金额大写：____________

七、鉴定评估报告法律效力

本鉴定评估结果可以作为作价参考依据。本项鉴定评估结论有效期为 90 天，自鉴定评估基准日至　　年　　月　　日止；

附件：

一、二手车鉴定评估委托书

二、二手车技术状况鉴定作业表

三、车辆行驶证、机动车登记证书证复印件

四、被鉴定评估二手车照片（要求外观清晰，车辆牌照能够辨认）

二手车鉴定评估师（签字、盖章）　　　　复核人[2]（签字、盖章）

（二手车鉴定评估机构盖章）

年　月　日　　　　年　月　日

学习笔记

学习笔记

（续）

第二部分　二手车拍照				
序号	名称	拍摄结果		备注
1	左前方 45° 照	□完成	□未完成	
2	左侧面照	□完成	□未完成	
3	正后面照	□完成	□未完成	
4	右后方 45° 照	□完成	□未完成	
5	右侧面照	□完成	□未完成	
6	正面照	□完成	□未完成	
7	仪表盘	□完成	□未完成	
8	变速器操纵杆	□完成	□未完成	
9	转向盘	□完成	□未完成	
10	前排座椅	□完成	□未完成	
11	后排座椅左侧 45°	□完成	□未完成	
12	发动机舱	□完成	□未完成	
13	左右翼子板内侧	□完成	□未完成	
14	行李舱	□完成	□未完成	
15	左右翼子板内衬	□完成	□未完成	
16	备胎桶	□完成	□未完成	
17	随车工具	□完成	□未完成	
第三部分　完备评估报告				
序号	完备内容	完备结果		备注
1	二手车鉴定评估委托书	□完成	□未完成	
2	二手车技术状况鉴定作业表	□完成	□未完成	
3	车辆行驶证、机动车登记证书复印件	□完成	□未完成	
4	被鉴定评估二手车照片	□完成	□未完成	

（续）

第五部分　项目总结

注：表格不足可加行。

学习笔记

学习笔记

附录 B　知识拓展

项目一　知识拓展

机动车商业保险核查方法

投保确认码：V0201

投保验证码回填时间：

收费确认时间:2020-07-16 22:33

生成保单时间:2020-07-16 22:34

机动车商业保险保险单（电子保单）

EDAAZ

POS交易参考号：

豫：41

保险单号：PDAA2020

鉴于投保人已向保险人提出投保申请，并同意按约定交付保险费，保险人依照承保险种及其对应条款和特别约定承担赔偿责任。

被保险人	钢结构工程有限公司				
保险车辆情况	号牌号码	豫A8	厂牌型号	奥迪FV7201BBDDG轿车	
	VIN码/车架号	LFV3A	发动机号	A6	
	核定载客	5 人	核定载质量	0.000 千克	初次登记日期 2019-08-02
	使用性质	非营业企业客车	年平均行驶里程	0.00 公里	机动车种类 客车

承保险种	不计免赔	费率浮动（+/-）	保险金额/责任限额	保险费（元）
机动车损失保险	是	-3376.32	323911.20	2410.00
第三者责任保险	是	-1232.94	1000000.00	880.06
车上人员责任险（司机）	是	-23.92	10000.00/座*1座	17.08
车上人员责任险（乘客）	是	-58.35	10000.00/座*4座	41.65
玻璃单独破碎险（国产）	否	-263.07		187.77
发动机涉水损失险	是	-168.82		120.50
不计免赔率		-729.05		520.40

特别提示：除法律法规另有约定外，投保人拥有保险合同解除权，涉及（减）退保保费的，退还给投保人。

本保单投保人为：钢结构工程有限公司

保险费合计（人民币大写）：肆仟壹佰柒拾柒元肆角陆分　（¥：4,177.46 元）

保险期间　自2020年07月31日0时起至2021年07月30日24时止

特别约定：
1. 该车玻璃单独破碎险选择国产玻璃投保，保期内如发生该险种范围内损失时，按照国产玻璃维修价格定损理赔。
2. 保险期间内，如发生本保险合同约定的保险事故造成被保险车辆损失或第三者财产损失，保险人可采取实物赔付或现金赔付方式进行保险赔付。选择采取实物赔付方式的，由保险人和被保险人在事故车辆修理前签订《实物赔付确认书》。

保险合同争议解决方式　诉讼

重要提示：
1. 本保险合同由保险条款、投保单、保险单、批单和特别约定组成。
2. 收到本保险单、承保险种对应的保险条款后，请立即核对，如有不符或疏漏，请及时通知保险人并办理变更或补充手续。
3. 请详细阅读承保险种对应的保险条款，特别是责任免除、免赔率与免赔额、投保人被保险人义务、赔偿处理、通用条款等。
4. 被保险机动车因改装、加装、改变使用性质等导致危险程度显著增加以及转卖、转让、赠送他人的，应通知保险人。
5. 被保险人应当在保险事故发生后及时通知保险人。

保险人：公司名称：　公司地址：郑州市

联系电话：95518 网址：www.ep　cn

邮政编码：450000　签单日期：2020-07-16

保险股份有限公司（保险签章）承保业务专用章

核保：自动核保　制单：

图 f1-1　机动车商业保险单

机动车综合商业险保险单核查要求

项目	要求
核查基本信息方法	• 核查商业险保险单号应有效； • 核查被保险人应与行驶证、机动车登记证书一致； • 核查号牌号码、厂牌型号、VIN 码 / 车架号、发动机号应与实车、行驶证、机动车登记证书一致； • 核查核定载客、初次登记日期使用性质、机动车种类应与行驶证、机动车登记证书一致； • 核查强制保险标志单承包公司印应与承保公司名称一致； • 查看强制保险标志单承包公司印应清晰
核查主险方法	• 核查应有车辆损失险、第三者责任险、盗抢险、车上人员责任险
核查附加险方法	• 核查玻璃单独破碎险、自燃损失险、新增加设备损失险、车身划痕损失险、发动机涉水损失险、修理期间费用补偿险、车上货物责任险、精神损害抚慰金责任险、不计免赔率险、机动车无法找到第三方特约险、指定修理厂险
核查标准	• 车辆若具有商业保险，则商业险保险单号应有效； • 商业保险单信息应与实车、行驶证、机动车驾驶证信息一致； • 商业保险单官印应与承保公司名称一致； • 官印应清晰，不模糊； • 商业险为自由选择保险，车辆具有商业险主险，则才能投保附加险

学习笔记

项目二 知识拓展

判别特殊事故车

一、特殊事故车定义

定义	• 事故车，一般是指存在结构性损伤的车辆。水淹车、火烧车等也都属于“特殊事故车”这一类
水淹车	• 水淹车也叫泡水车，指被水泡过的车辆。这种车辆危险系数很大，电路容易造成短路、起火等
火烧车	• 火烧车指部分区域发生灼烧后翻新的车辆

二、水淹车等级

一级	• 积水淹没至车辆底盘，车身地板以下，驾驶室未进水
二级	• 车身地板以上，驾驶室进水，水面高度在座椅垫以下
三级	• 驾驶室进水，水面高度在座椅坐垫以上，仪表台以下
四级	• 水面高度超过轮胎，驾驶室进水，水面在仪表台中部
五级	• 水面高度超过仪表台，浸湿座椅，顶棚以下
六级	• 水面高度超过车顶

三、车辆进水的损坏判断方法

车辆静态进水	• 车辆在停放过程中被暴雨或洪水浸入甚至淹没，称为静态入水
车辆动态进水	• 车辆在行驶过程中，发动机气缸因吸入水而使汽车熄火，或在强行涉水未果、发动机熄火后被水淹没，称为动态进水

四、车辆内饰的检查方法

检查项目	检查方法	干扰判断因素
座椅	• 气味：座椅泡过水后，在强力清洁后，仍会有霉味残留； • 颜色：座椅的材质无论是针织还是皮革，进水后会产生泛黄的水渍，清理后，表面会存在色差； • 手感：多数座椅垫为发泡海绵材质，进水后材质会变硬，而且软硬不均匀，大力按压座椅边缘，可以发现软硬区别	座椅修复后，从表面很难看出修复痕迹，需要进一步检查或者拆卸进行判断
车门内饰板	• 车门内饰板的布艺或者真皮材质，经过水泡之后，是很难修复成出厂原样的，只能通过更换重新包裹，才能恢复原样	日常清洗，也可能留下水印，对泡水判断有一定影响
金属件	• 驾驶室金属件泡水后，容易生锈，还可能会出现异响。检查座椅底部支座、导轨、点烟器底座、保险丝、转向柱等是否生锈	南方地区，湿度较大区域，这些部位也容易出现锈蚀，会影响一定的判断

学习笔记

（续）

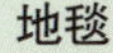

地毯	• 手感：驾驶室内植绒地毯可以通过用手摸的方式进行判断，主要观察地毯的绒毛是否顺滑，有无曾经用刷子清洗过的起球的现象。经过水泡后的地毯摸上去手感较硬，并且发涩； • 泥沙：观察地毯绒毛内是否有残留的泥沙； • 霉点：地毯经过水泡后，即使清理过，时间久了，也会滋生新的霉点。有些车辆为了掩盖曾经泡水的痕迹，会加盖地毯，揭盖地毯能够发现发霉的痕迹； • 门槛板：门槛板较容易残留泥沙，结合参考其他部位，可判断车辆是否泡水	车辆的使用环境，例如经常处于潮湿环境，会影响一定的判断
安全带	• 将安全带全部拉出进行检查，经过污水泡过的安全带，会有明显的水渍残留，清洗后也会残留痕迹，没有更换过的安全带会出现色差	安全带为易损件，更换容易，会影响一定的判断

五、车辆内饰泡水后常见现象（见图 f2-1 ～图 f2-10）

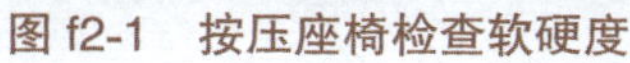

图 f2-1 按压座椅检查软硬度

图 f2-2 车门内饰板泡水变形

图 f2-3 座导轨生锈

图 f2-4 转向柱生锈

图 f2-5 地毯起球

图 f2-6 地毯残留泥沙

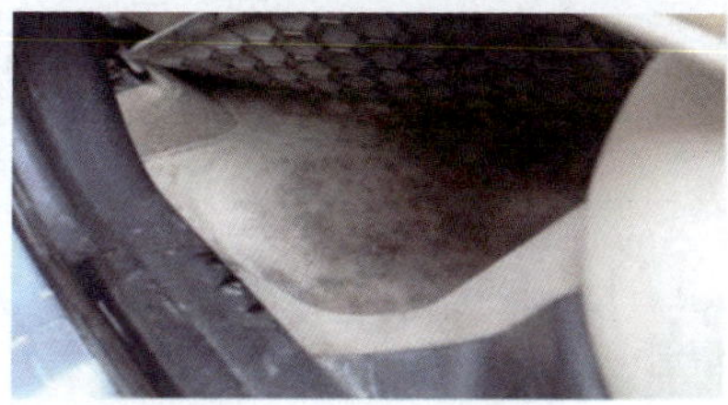

图 f2-7 地毯下霉点

图 f2-8 门槛残留泥沙

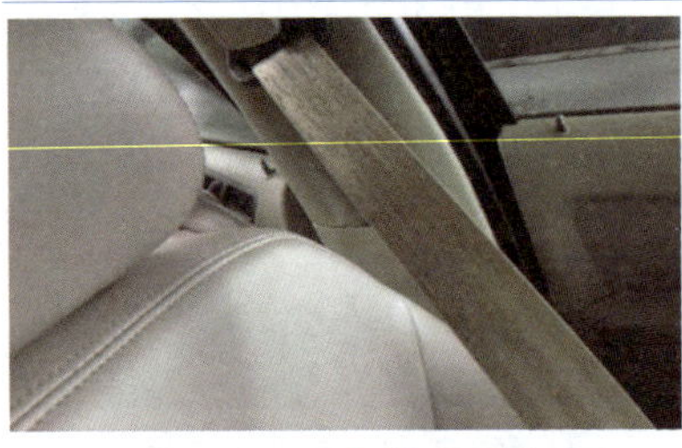

图 f2-9　安全带明显水渍

图 f2-10　安全带留有泥沙

六、发动机舱检查方法

检查项目	检查方法	干扰判断因素
防火墙	• 防火墙在发动机舱最内侧，车辆泡水后，很容易留下泥沙、水渍，甚至发霉破损	发动机舱工作环境较差，长时间不清洁，会产生大量的油渍和回程，可能会出现清洗的痕迹；湿度大的地区，也会造成发动机舱某些部位生锈，影响判断
继电器盒、保险丝盒	• 观察继电器盒、保险丝盒及线束残留的泥沙和水渍，可以判断车辆的水淹深度； • 如果继电器盒、保险丝盒及线束均有更换和修复的痕迹，参考其他部位的检查，来判断是否泡水	
发动机舱整体	• 车辆经过水泡，发动机机舱内会产生白色的水渍或者霉点，经水泡过的螺栓也会生锈，即便清洁过锈迹，也会残留有一层油渍，防止螺栓生锈	

七、行李舱检查方法

检查项目	检查方法	干扰判断因素
底板	• 观察行李舱有无水渍、残留泥沙，底盘是否生锈； • 发现残留泥沙，并且有生锈的地方，即可判断为泡水车；	车辆使用环境，例如经常拉货或者海鲜，会造成行李舱底盘的生锈和泥沙，

（续）

检查项目	检查方法	干扰判断因素
随车工具	• 查看随车工具是否齐全，是否生锈	会影响一定的判断

八、底盘的检查方法

检查项目	检查方法	干扰判断因素
排气管、消音器、三元催化器	• 排气管、消音器、三元催化器会有明显锈蚀	车辆使用环境，长期处于潮湿区域，会影响一定的判断
底盘整体	• 升车观察底盘，能够非常清晰地看出各零部件锈蚀程度； • 新车多数会加装底盘装甲，底盘泡水与日常浸水不同，底盘长时间被水淹没，锈蚀更为明显	

九、发动机舱、行李舱、底盘泡水后常见现象（见图 f2-11~ 图 f2-15）

图 f2-11　防火墙残留泥沙

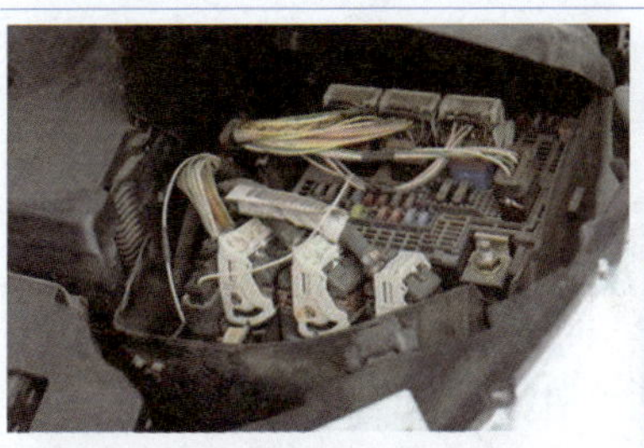
图 f2-12　保险丝盒残留泥沙

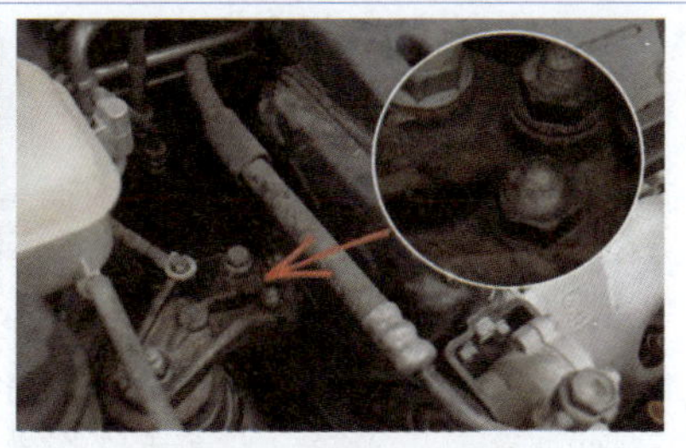
图 f2-13　螺栓生锈

图 f2-14　行李舱及随车工具生锈

图 f2-15　底盘严重生锈

十、火烧车判别方法

车身外观	• 观察车门以及前后翼子板外表面油漆是否有起伏的痕迹； • 观察车身表面的油漆是否均匀光滑，胶条表面是否有油漆
驾驶室内	• 发生过火烧事故，那么车内一定会残留烧焦的味道； • 进入车内查看有无刺鼻或烧焦的味道或者浓烈的香水味，车主为了掩盖车内的烧焦味会喷大量的香水； • 检查一下内饰，地板有无过火的痕迹，漆面是否完好，座椅漆面是否完好

（续）

继电器盒、保险丝盒、线束	• 检查发动机舱内的保险丝盒、继电器盒、线束是否有更换，白色灭火器痕迹或火烧熏黑的痕迹； • 如果发生过火烧事故，线圈以及保险丝一定会过火，所以从发动机舱以及车身线束是否有过更换、部分地方是否有火烧痕迹可以看出来是不是火烧车； • 如果做过更换，那么检查线束接口部位是不是和新线束一致，黑的痕迹也可以判断车辆是否发生过火烧
防火墙	• 观察防火墙有无火烧或者熏黑的痕迹； • 一般发动机舱由于高温的工作环境，燃烧的概率明显大于其他的地方； • 当车辆发生燃烧时，防火墙是最先被烧的地方，还要检查一下隔音棉是否存在以及是否有烧焦的痕迹

十一、火烧车常见现象（见图 f2-16~ 图 f2-17）

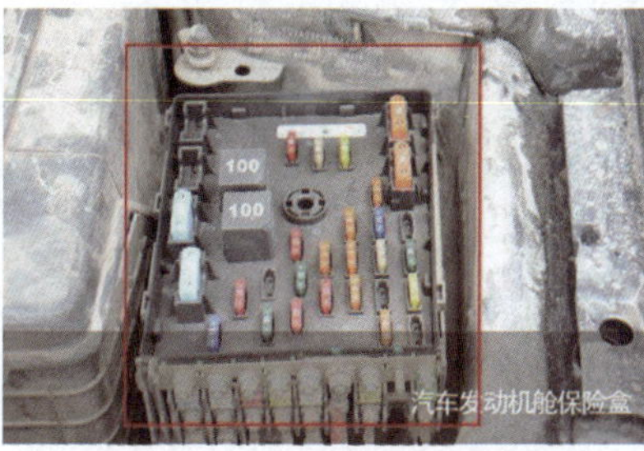

图 f2-16　发动机舱保险盒

图 f2-17　发动机舱防火墙烧毁

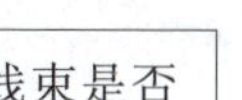
学习笔记

学习笔记

项目三　知识拓展

路试前准备

一、二手车动态技术鉴定释义

概念	• 鉴定评估人员依靠专业技能和工作经验，使发动机启动、怠速、急加速、急减速，使车辆起步、加速、匀速、滑行、强制减速、紧急制动，使车辆从低速挡到高速挡，从高速挡到低速挡行驶，检查车辆的动力性能、操纵性能、制动性能、滑行性能，以及噪声和废气污染物排放情况等，已建档车辆在行驶状态下的技术状况
目的	• 判断整车及车辆各总成和零件性能指标的优势
内容	• 路试前准备工作
	• 发动机无负荷时的工况检查
	• 路试检查
	• 路试后检查

二、路试前准备工作内容及方法

检查项目	检查方法	说明
机油液位	• 将车辆停放在水平路面上，将车辆钥匙拧到关闭位置，驻车制动，变速器换挡杆处于空挡位置，检查机油液位是否正常	• 机油尺油位应在上下限之间为合格。若超过上限，应放出多于机油；若低于下限，应添加至合适位置，等待 10 min 之后，再进行检查
冷却液	• 无膨胀水箱，打开散热器盖检查冷却位置，液位应不低于排气孔下 10 mm	• 检查水量时，应在冷车状态下进行，检查时应扣紧散热器盖，冷却液是否有渗漏
	• 有膨胀水箱，应查看液面是否在上下限之间	

（续）

检查项目	检查方法	说明
制动液	• 查看制动液液面是否在上下限之间，使用制动液测量仪检测是否变质	• 制动液量不足，应补充厂方规定的制动液，要用密封的新的制动液
离合器液压油液位	• 查看离合器液压油液面是否在上下限之间	• 如果低于下限，可能总泵或者皮碗损坏，需要维修
轮胎胎压	• 使用胎压表测量胎压应在车辆规定范围之内	• 胎压过低，补充；胎压过高，放气到达范围之内
转向助力油液位	• 旋下转向助力油油壶盖，查看油液液面是否在油尺上下限之间，观察油壶中，油液是否变质有杂质	• 如果油液不足，则需添加原厂要求转向助力油。如果没有转向助力油壶，则车辆为电子助力
燃油量	• 打开点火开关，查看燃油表，了解车辆储油量	• 储油量是否满足路试要求
冷却风扇传动带	• 用拇指按压传动带中部，挠度应在 10~15 mm 之间。或者用手翻转传动带，是否能够达到 90°	• 如果挠度小于 10 mm 或者翻转小于 90°，说明传动带过紧；如果挠度大于 15 mm 或者翻转大于 90°，说明传动带过松，需要调整
制动踏板及制动灯	• 踩下制动踏板 25~50 mm 后，不应感觉踏板松软；到车尾部，查看制动灯是否亮起	• 如果制动踏板松软，说明制动管内有空气，应先排净，并检查是否有部位泄漏。如果制动灯不亮，或者只亮一侧，需检查或者更换灯泡
	• 查看驻车制动是否可靠	• 如果驻车制动不可靠，检查是损坏还是需要调整

项目四 知识拓展

检测柴油排放污染物

一、检测方法

检测前准备	• 仪器校准
	• 未接通电源时，先检查指示电表指针是否在机械零点，否则调整
	• 接通电源，预热仪器，打开测量开关，在光电传感器下垫上 10 张洁白滤纸，调整粗调电位器和细调电位器，使表头指针与“0”刻度重合
检测车辆准备	• 停稳车辆
	• 等待检测
检测排气污染物	• 启动发动机，并加速 2 ～ 3 次，吹净排气管和消声器中的烟尘
	• 发动机怠速转 5 ～ 6 s，并进行空气清扫 2 ～ 3 s
	• 脚踩住踏板开关，并迅速将踏板踩到底持续 4 s
	• 松开加速踏板 11 s，读取数值并记录，再用压缩空气清洁 3 ～ 4 s，调整吸入泵，并重复操作 4 次，读取数值后，取平均值并记录

二、柴油排放污染物评价指标

序号	评价指标说明
1	• 对于 2001 年 10 月 1 日以前生产的装配压燃式发动机在用汽车的排气烟度，采用 GB 3847—2005 规定的自由加速试验，使用滤纸式烟度计进行检测，排气烟度值采用 BOSCH 单位，用“Rb”表示
2	• 对于 2001 年 10 月 1 日以后生产的装配压燃式发动机在用汽车的排气烟度，采用 GB 3847—2005 规定的自由加速试验，使用不透光烟度计进行检测，排气烟度值采用光吸收 K 表征，用“m-1”表示
3	• 在采用加载减速法对装配压燃式发动机在用汽车的排气烟度进行检测时，排气烟度值采用光吸收系统 K 表征，用“m-1”表示

项目五　知识拓展

行驶里程法确定成新率

一、公式

行驶里程法是通过被评估二手车的尚可行驶里程与规定行驶里程的比值来确定二手车成新率的一种方法。其公式为：

$C_s = \frac{S_g - S}{S_g} \times 100\%$	C_s——使用年限成新率； S——二手车实际已使用年限，年或月； S_g——车辆规定的使用年限，年或月

二、计算成新率

例如，某家用轿车，评估基准日鉴定评估时，已经行驶了15万公里，请使用行驶里程法计算成新率。

解析：某家用轿车在评估基准日期共行驶了15万公里，根据机动车强制报废标准规定行驶里程为60万公里，即S_g=60，S=15，其成新率为

$$C_s = \frac{S_g - S}{S_g} \times 100\% = \frac{60-15}{60} = 75\%$$

答：该家用轿车的成新率为75%。

例如，某小型出租车，评估基准日鉴定评估时，已经行驶了42万公里，请使用行驶里程法计算成新率。

解析：某小型出租车在评估基准日期共行驶了42万公里，根据机动车强制报废标准规定行驶里程为60万公里，即S_g=60，S=42，其成新率为

$$C_s = \frac{S_g - S}{S_g} \times 100\% = \frac{60-42}{60} = 30\%$$

答:该出租车的成新率为30%。

整车观测法确定成新率

一、整车观测法

整车观测法是指评估人员采用人工观察法，辅助简单的仪器检测，判定被评估二手车的技术等级并确定成新率的一种方法。

序号	整车观测法观察检测主要指标
1	二手车的现时技术状态
2	使用时间及里程
3	主要故障经历及大修情况
4	整车外观和完整性

二、二手车技术状况等级参考表

等级	新旧情况	技术状况说明	成新率（%）
1	很新	登记后使用不超过1年，行驶里程一般未超过2万公里，无修理和买卖的经历	95
			90
2	很好	登记后使用不超过3年，行驶里程未超过6万公里，存在轻微不明显损伤，漆面、车身和内部仪器有小瑕疵，无机械问题，无须更换部件或进行任何修理，无不良记录	85
			80
			75
3	良好	登记后使用不超过5年，行驶里程不超过10万公里，重新油漆的痕迹良好，易损件已更换，在用状态良好，故障率较低，可以随时使用	70
			65
			60
			55
4	一般	行驶里程未超过16万公里，存在一些机械方面的缺陷，某些易损件需要更换，某些部位需要修理，可以随时出车，但是油耗增加，动力性下降	50
			45
			40

（续）

等级	新旧情况	技术状况说明	成新率（%）
5	尚可使用	车辆处于运行状态，漆面灰暗，锈蚀严重，多处明显机械缺陷，部分零件需要维修更换，可能存在不易修复部分，可靠性差，使用成本增加	30
			25
			20
			15
6	待报废处理	基本达到或者达到使用年限，通过《机动车安全技术条件》检查，车辆能够使用，但是动力性、燃油经济性、可靠性下降，排放污染和噪声污染达到极限	10
			6
			4
7	报废	已经达到报废标准，不能继续使用	2
			0

三、计算成新率

例如，某家用轿车，2019 年 3 月登记，已经行驶了 2.3 万公里，前保险杠有轻微剐蹭，后翼子板漆面有小瑕疵，副驾驶车门内饰板有小划痕，车辆整体不存在机械问题，没有需要更换的部件及零件，查询车辆保养及维修记录，没有不良记录，请采用整车观测法确定成新率。

解析：（1）车辆 2019 年 3 月登记，到达评估日期 2020 年 9 月，使用不超过 3 年；

（2）行驶 2.3 万公里，未超过 6 万公里；

（3）前保险杠有小剐蹭，后翼子板漆面有小瑕疵，存在不明显伤痕；

（4）没有机械问题；

（5）保养维修记录良好。

答：该车辆的成新率判定为 80%。

例如，某家用轿车，2016 年 6 月登记，已经行驶了 8.5 万公里，更换过左侧前门，漆面良好，更换过刮水器，补充过制冷剂，机械部件使用良好，无明显控制问题，保养维修记录良好，最后保养记录到 2020 年 6 月。

解析：（1）车辆 2016 年 6 月登记，到达评估日期 2020 年 9 月，车辆使用不超过 5 年；

（2）更换过左前侧门，车门重新喷漆痕迹良好；

（3）没有明显机械及控制问题；

（4）更换过部分易损件；

（5）维修保养记录良好，保养日期到近期。

答：该车的成新率判断为 60%。

部件鉴定法确定成新率

学习笔记

一、部件鉴定法

部件鉴定法（也称技术鉴定法）是指评估人员在确定二手车各组成部分技术状况的基础上，按其各组成部分对整车的重要性和价值量的大小加权评分，最后确定成新率的一种方法。

$$C_b=\sum_{i=1}^{n}(C_i\times\beta_i)\times100\%$$

C_b——部件鉴定法成新率；

C_i——二手车第 i 项部件成新率；

β_i——二手车第 i 项部件的价值权重

二、车辆各部分价值权重参考表

车辆各主要总成、部件名称	价值权重（%）		
	轿车	客车	货车
发动机及离合器总成	25	28	25
变速器及万向传动装置总成	12	10	15
前桥、前悬架及转向系总成	9	10	15
后桥及后悬架总成	9	10	15
制动装置	6	5	5
车架装置	0	5	6
车身装置	28	22	9
电器及仪表装置	7	6	5
轮胎	4	4	5
合计	100	100	100

部件鉴定法计算加权成新率比较耗时，但评估结果更接近车辆客观实际，可信度高。它不仅考虑了二手车辆的实体损耗，还考虑了二手车辆的维修和换件后追加发生的投资变化。

学习笔记

三、计算成新率

采用部件鉴定法确定成新率：

（1）将车辆分成若干个主要总成、部件，根据各部分的制造成本占车辆制造成本的比重，确定其权重的百分比 β_i（i=1,2，…，n），前面已列出车辆各部分的价值权重参考表。

（2）以全新车辆的各总成的功能标准，若某个总成部件功能与全新车辆相同，则该总成的成新率为100%，若某个总成部件功能与全新车辆相比功能完全丧失，则该总成的成新率为0。根据被评估车辆各总成、部件的技术状态估算出成新率 C_i（i=1,2，…，n）。

将车辆各总成、部件的技术状态给出的成新率分别与权重相乘，得到各总成、部件加权的成新率 $\beta_i C_i$（i=1,2，…，n）。

最后将各总成、部件的权重成新率相加，得到被评估车辆的成新率。

例如，李先生想要出售自用的高档进口轿车，登记日期为2017年12月，评估日期2020年6月，累计的行驶里程为5.6万km，经过现场勘验，车辆发动机、离合器、变速器及转向使用情况与车辆年限相符，车辆的前悬架存在少量漏油情况，副驾驶座椅电动调节工作不顺畅，车内灯不亮，车身有明显后保险杠的剐蹭。请采用部件鉴定法计算成新率。

解析：经过现场勘验，确定各总成、部件成新率：

（1）发动机及离合器总成与车辆年龄相符，成新率 C_1=0.9;

（2）变速器及万向传动装置总成与车辆年龄相符，成新率 C_2=0.9;

（3）前悬架存在漏油情况，成新率 C_3=0.8;

（4）后桥及后悬架总成与车辆年龄相符，成新率 C_4=0.9;

（5）制动装置完好，成新率 C_5=0.95;

（6）车身后保险杠有明显剐蹭，需修复，成新率 C_6=0.7;

（7）副驾驶电动调节不顺畅，车内的不亮，需修复，成新率 C_7=0.7;

（8）轮胎与车辆年龄相符，成新率 C_8=0.9。

计算：$C_b=\sum_{i=1}^{n}(C_i\times\beta_i)\times 100\%$

$0.9\times25\%+0.9\times12\%+0.8\times9\%+0.9\times9\%+0.95\times6\%+0.7\times8\%+0.7\times7\%+0.9\times4\%=83\%$

答：该车的成新率为83%。

附录 C　二手车鉴定评估报告（示范文本）

二手车鉴定评估报告（示范文本）

××××鉴定评估机构评报字（20　年）第××号

一、绪言

______（鉴定评估机构）接受______的委托，根据国家有关评估及《二手车流通管理办法》和《二手车鉴定评估技术规范》的规定，本着客观、独立、公正、科学的原则，按照公认的评估方法，对牌号为______的车辆进行了鉴定。本机构鉴定评估人员按照必要的程序，对委托鉴定评估的车辆进行了实地查勘与市场调查，并对其在______年______月______日所表现的市场价值作出了公允反映。现将该车辆鉴定评估结果报告如下：

二、委托方信息

委托方：______________　委托方联系人：______________

联系电话：______________　车主姓名/名称：（填写机动车登记证书所示的名称）______

三、鉴定评估基准日　______年______月______日

四、鉴定评估车辆信息

厂牌型号：______________　牌照号码：______________

发动机号：______________　车辆 VIN 码：______________

车身颜色：__________　表征里程：__________　初次登记日期：__________

年审检验合格至：______年______月　交强险截至日期：______年______月

车船税截至日期：______年______月

是否查封、抵押车辆：□是　□否　车辆购置税（费）证：　□有　□无

机动车登记证书：　□有　□无　机动车行驶证：　□有　□无

未接受处理的交通违法记录：□有　□无

使用性质：□公务用车　□家庭用车　□营运用车　□出租车　□其它：__________

五、技术鉴定结果

技术状况缺陷描述：______________________________

____

重要配置及参数信息：______________________________

技术状况鉴定等级：______________　等级描述：______________

六、价值评估

价值估算方法：□现行市价法□重置成本法□其他______________________

价值估算结果：车辆鉴定评估价值为人民币______元，金额大写：__________

七、特别事项说明[1]

八、鉴定评估报告法律效力

本鉴定评估结果可以作为作价参考依据。本项鉴定评估结论有效期为 90 天，自鉴定评估基准日至　年　月　日止：

九、声明：

⑴本鉴定评估机构对该鉴定评估报告承担法律责任；

⑵本报告所提供的车辆评估价值为评估基准日的价值；

⑶该鉴定评估报告的使用权归委托方所有，其鉴定评估结论仅供委托方为本项目鉴定评估目的使用和送交二手车鉴定评估主管机关审查使用，不适用于其他目的，否则本鉴定评估机构不承担相应法律责任；因使用本报告不当而产生的任何后果与签署本报告书的鉴定评估人员无关；

⑷本鉴定评估机构承诺，未经委托方许可，不将本报告的内容向他人提供或公开，否则本鉴定评估机构将承担相应法律责任。

附件：

一、二手车鉴定评估委托书

二、二手车技术状况鉴定作业表

三、车辆行驶证、机动车登记证书证复印件

四、被鉴定评估二手车照片（要求外观清晰，车辆牌照能够辨认）

二手车鉴定评估师（签字、盖章）　　**复核人**[2]**（签字、盖章）**

年　月　日　　（二手车鉴定评估机构盖章）

年　月　日

[1]特别事项是指在已确定鉴定评估结果的前提下，鉴定评估人员认为需要说明在鉴定过程中已发现可能影响鉴定评估结论，但非鉴定评估人员执业水平和能力所能鉴定评定估算的有关事项以及其他问题。

[2]复核人是指具有高级二手车鉴定评估师资格的人员

备注：1、本报告书和作业表一式三份，委托方二份，受托方一份；
2、鉴定评估基准日即为《二手车鉴定评估委托书》签订的日期。

学习笔记

参考文献

学习笔记

[1] 中华人民共和国商务部 . 二手车鉴定评估技术规范：GB/T 30323—2013[S]. 北京：中国标准出版社，2014.